CHRISTOPH MATZL & CHRISTOPH BUDIN

Schlagzeilen 2011

Ueberreuter

Buch und Redaktion: Christoph Matzl & Christoph Budin

Layout: Herbert Kocab, Hermann Müller, Christian Wawra

Archiv: Dr. Heidemarie Bauer, Martin Kriegel

Info-Grafik: Mag. Barbara Mungenast

Register: Margit Wudernitz

Bildbearbeitung: Ing. Helmut Eisinger, Werner Engelmeier,
Christian Krapfenbauer, Gerhard Mischling, Elisabeth Polly,
Matthias Pospischil, Rudolf Rosen, Richard Holzeis,
Karl Schilling

Lektorat: Johann Pröll

Das säurefreie und alterungsbeständige Papier EOS liefert Salzer, St. Pölten
(hergestellt aus chlorfrei gebleichtem Zellstoff aus nachhaltiger Forstwirtschaft).

ISBN 978-3-8000-7513-3

Covergestaltung: Hermann Müller & Gerhard Mischling

Gedruckt in Österreich
3 2 1

2011 Revolutionen – und was dann?

Es gibt Gesetzesverletzungen, die derart unverfroren betrieben werden, dass wir sie kaum mehr merken: Die Missachtung des Gesetzes ist der Regelfall, eine Einhaltung die Ausnahme. Siehe etwa jene gesetzliche Regelung, die bei uns das Pensionsantrittsalter für Männer mit 65, für Frauen mit 60 Jahren vorsieht. Niemand hält sich daran, massenhafte Frühpensionierungen, Hackler-Regelung, „Golden Handshakes“ und ähnliche Absurditäten sanktionieren den klaren Gesetzesbruch.

Sich nicht ans Gesetz zu halten, ist aber auch auf der internationalen Szene längst üblich geworden. Da dringt zum Beispiel eine amerikanische Spezialeinheit bei Nacht und Nebel in das Territorium eines souveränen Staates ein, um den längst zum Auslaufmodell gewordenen Bin Laden zu ermorden. Weit herum kommt das Völkerrecht heutzutage!

Nicht im Ausland, sondern daheim in Norwegen hat der psychopathische Massenmörder und angeblich „einsame Wolf“ Breivik gewütet.

Weit herum kommen auch die politischen Visionen in diesen Tagen!

Keine Vision war im Spiel, als im japanischen Fukushima nach einem Erdbeben die atomare Hölle ausgebrochen ist. Oder? Hätte vielleicht spätestens nach Tschernobyl die Vision von der atomfreien Welt zur Wirklichkeit werden sollen . . .?

Wie idyllisch im Vergleich zu den Grauslichkeiten des Jahres hingegen die Fürsten- und Adelshochzeiten in Monaco und England! Da durfte einem vor der TV-Röhre so richtig warm ums Herz werden. Mir allerdings keineswegs, denn wahrheitsgemäß sage ich aus, dass mir dergleichen Anlässe reichlich egal sind.

Nicht einmal die Scheidung unseres Landsmannes Schwarzenegger hat mich besonders aufgewühlt – habe ich doch bis heute nicht einmal die Scheidung des Baumeisters Lugner von seiner Mausi richtig bewältigen können. „An einer fremden Hochzeit habe ich noch nie was Widerliches gefunden“, hat schon Nestroy gesagt. An einer fremden Scheidung schon gar nicht, erlaube ich mir hinzuzufügen.

Weitaus bedeutungsschwerer sind hingegen die sich mit atemberaubender Geschwindigkeit ausbreitenden Revolutionen in der arabischen Welt. Wollen wir hoffen, dass die Umstürze in Ägypten, Libyen und Umgebung das Leben der Menschen auch tatsächlich verbessern mögen. Nicht immer – siehe das Beispiel der Französischen Revolution – sind die Dinge später so abgelaufen, wie sich das die Revolutionäre einst erträumt haben.

Todesfälle werden Sie in unserem Schlagzeilen-Buch auch behandelt finden. Da ist etwa Peter Falk, der dem zumeist öden Genre der TV-Krimis wahre Glanzlichter von Humor und Originalität aufgesetzt hat. Es traf sich, dass ich mit zwei anderen, die uns verlassen haben, auch persönliche Kontakte hatte. Otto von Habsburg, dessen brillanten Geist ich stets bewundert habe, hat mir bei einem privaten Anlass zu meinem 80. Geburtstag prophezeit, dass ich jetzt „noch zehn schöne Jahre“ vor mir hätte; gottlob war's wirklich so.

Zum heiteren Ausklang darf ich nun von einer liebenswürdig-skurrilen Begegnung mit einem weiteren Dahingeschiedenen berichten. Da war also einmal Peter Alexander – als Privatmensch ganz anders strukturiert als in seinen Filmen – bei mir zu Hause Gast und stimmte dem schon zuvor vereinbarten Heurigenbesuch nur unter zwei Bedingungen zu: dass er dort „nicht singen“ müsse und dass er überdies seinen eigenen und im Kofferraum stets mitgeführten Wein trinken dürfe. Ausschließlich diesem edlen Tropfen, so belehrte mich Alexander eindringlich, verdanke er ja seine Gesundheit und Leistungsfähigkeit.

Ein Telefonanruf bei der mir gut bekannten Chefin des Weingutes Wolff erbrachte dann die Zustimmung zu beiden Bedingungen Peter Alexanders, der dann – ein recht seltener Sachverhalt wohl! – mit französischem Eigenwein beim Wiener Heurigen aufgekreuzt ist.

Starkolumnist „Staberl“ Richard Nimmerrichter mit den Autoren Budin (li.) & Matzl

RICHARD NIMMERRICHTER

Die Aufreger zum neuen

- **750.000 Partygäste auf Silvesterpfad**
- **Internet-Aufdecker Julian Assange und**
- **Helmut Elsner dominieren Schlagzeilen**

Der Glockenschlag der Pummerin um Punkt Mitternacht läutet schon traditionell das neue Jahr ein. Allein auf dem Wiener Silvesterpfad feiern mehr als 750.000 Partygäste durch die Silvesternacht. Und der Start von 2011 wird von zwei Namen dominiert: dem umstrittenen Gründer der Internet-Aufdeckerseite Wikileaks, Julian Assange, und BAWAG-Ex-Chef Helmut Elsner! Beim heimischen Bankenkrimi sorgt das Höchstgericht durch die Höchststrafe für Elsner, aber auch durch die Aufhebung einiger Urteile der damaligen Richterin und jetzigen Justizministerin Bandion-Ortner für einen Paukenschlag. Schöne Schlagzeilen liefert indes weltweit einmal mehr das Neujahrskonzert.

▲ Dirigiert die Philharmoniker beim Neujahrskonzert im Goldenen Saal des Musikvereins souverän: Franz Welser-Möst.

Im weltweiten Blitzlichtgewitter: der umstrittene Gründer der Internet-Aufdeckerseite Wikileaks, Julian Assange. ▶

◀ Zum Lachen ist Helmut Elsner nur, als er mit Ehefrau Ruth und Tochter plaudert. Hat durch die Aufhebung ihrer Urteile kaum etwas zu lachen: die frühere BAWAG-Richterin und jetzige Justizministerin. ▼

Jahr: Wikileaks & BAWAG

Souverän und diesmal ohne große Effekthascherei dirigiert der Österreicher Franz Welser-Möst die Philharmoniker im Goldenen Saal des Wiener Musikvereins. Die Nacht zuvor verbringt der 51-Jährige im Augustinerkloster – die richtige mediative Einstimmung . . .

Rund ums Neujahr sorgen indes innerhalb und außerhalb unseres Landes zwei Männer für gehörigen Gesprächsstoff. Einerseits ist es Julian Assange. Mit seiner Internet-Plattform Wikileaks ist der Amerikaner besonders den Behörden im eigenen Land ein Dorn im Auge. Veröffentlichungen von geheimen Kriegsvideos sowie Diplomaten-Depeschen sind für die USA ein peinlicher Ausrutscher – und verschlechtern das Gesprächsklima zu einigen Staaten ganz gehörig . . .

Doch der selbsternannte Aufdecker der Nation gerät durch Sex-Vorwürfe von zwei Frauen in Schweden selbst ins Zwielicht. Schließlich wird Assange in London verhaftet und wartet auf seine mögliche Auslieferung nach Schweden.

Ebenfalls – und das schon seit zweieinhalb Jahren – hinter Gittern sitzt Ex-BAWAG-General Helmut Elsner. Kurz vor Silvester verhängt der Oberste Gerichtshof bei der Berufungsverhandlung dann die Höchststrafe von zehn Jahren! Die restlichen Urteile sind für die damalige Richterin und nunmehrige Justizministerin Claudia Bandion-Ortner allerdings ein Schlag ins Gesicht. Sieben von neun Verurteilungen werden fast zur Gänze aufgehoben.

Und die Höchstrichter nehmen sich bei der Begründung kein Blatt vor den Mund. „Das Ersturteil weise Begründungs- und Feststellungsmängel auf, sei in sich widersprüchlich, beinhalte rechtliche Fehler und müsse deswegen von Amts wegen korrigiert werden“, berichten die „Krone“-Gerichtsredakteure Peter Grotter und Gabriela Gödel.

Dem Prozesswirbel folgen dann schöne sportliche Schlagzeilen: Der rotweißrote „Adler“ Thomas Morgenstern triumphiert bei der Vierschanzen-Tournee!

▲ *Schöne Schlagzeilen: Die kleine Laurentina gewinnt in Oberösterreich das Rennen ums Neujahrsbaby, Thomas Morgenstern die Vierschanzen-Tournee.* ▼

▲ *Ein spektakuläres Feuerwerk über der Themse mit dem höchsten Riesenrad Europas, dem 135 Meter großen „Auge Londons“ als Blickfang.*

Luxushotel in Wien geräumt

Großalarm für die Wiener Berufsfeuerwehr: Giftige Rauchgase aus einer nahen Pizzeria strömen nach einem nächtlichen Brand in das benachbarte Luxushotel Astoria bei der Staatsoper und überraschen die Touristen im Schlaf! 180 Gäste des Traditionshauses können von den Einsatzkräften unverletzt ins Freie gebracht werden: „Wir müssen wohl dem lieben Gott danken . . .“

Krone-Chronik Jänner 2011

- Lebensmittel-Skandal in Deutschland! Mit Dioxin verseuchtes Tierfutter gelangt in die Nahrungskette. Spuren werden in Schweine- und Hühnerfleisch gefunden.
- Rätselhaftes Vogelsterben in den USA und Schweden. Zu Tausenden fallen Rotschulterstärlinge, Stare und Dohlen tot vom Himmel. Ornithologe Anders Wirdheim: „Durch den kalten Winter und Nahrungsmangel sind die Tiere geschwächt, Schocks können Massensterben auslösen.“

Martyrium von Schwestern ● Ziehvater erhängt sich in Zelle

Tödliche Dreiecksbeziehung: Anita ermordet und verbrannt

Mit einer Tragödie endet eine bizarre Deiecksbeziehung zwischen einem 54-jährigen Ziehvater und zwei viel jüngeren Schwestern in Niederösterreich: Nachdem er Anita (23) ermordet und ihre Leiche verbrannt hat, erhängt sich der Täter in der Zelle.

Der Freitod des Verdächtigen Erwin Köck aus dem kleinen Waldviertler Ort Eggern ist für die Ermittler der Mordkommission des Landeskriminalamtes NÖ (Gruppe Etz) wie ein Geständnis. Tatsächlich finden Spezialisten der Tatortgruppe auf einem Acker in der Slowakei, 700 Kilometer entfernt, die verbrannten Überreste der bildhübschen dunkelhaarigen Anita.

Die 23-Jährige und ihre ältere Schwester Silvia waren von dem vorbestraften Sexualtäter in Kinderjahren aus einem ungarischen Heim geholt worden. „Er hat davon gesprochen, dass er mich heiraten und Kinder bekommen will“, schildert die 27-jährige Frau mit Anwalt Marcus Januschke „Krone“-Redakteur Florian Hitz unter Tränen.

Wie eine Trophäe fotografiert der Ziehvater sich, Silvia (li.) und Anita.

Schulabbrecher (15) narrt Behörde:

Hacker im Polizeicomputer

Er ist Fan von TV-Krimis wie „CSI" und gibt sich als Ermittler des Bundeskriminalamtes aus – ein 15-jähriger Computer-Hacker aus einem Gemeindebau knackt den Wiener Polizeicomputer! Der Schulabbrecher narrt die Behörde unter dem echten Namen eines Beamten derart, dass er ganz offiziell ein Passwort erhält. Als Konsequenz werden Hunderte Beamte von der Behörde aufgefordert, ihre Geheimcodes zu ändern.

Kate und William: Die Hochzeit des Jahres!

Das ist der erste Auftritt des neuen Traumpaares der britischen Monarchie nach der offiziellen Bekanntgebung der Verlobung: Prinz William und seine Kate lächeln noch etwas schüchtern, aber sichtlich total verliebt in die Kameras der Weltpresse! Die Hochzeit des Jahres geht Ende April über die Bühne. Im Andenken an seine verstorbene Mutter Diana hat William seiner künftigen Frau den damaligen Verlobungsring von Lady Di an den Finger gesteckt.

▲ Der Tod seines Sohnes Peter auf Mallorca überschattet die Gedenkfeiern anlässlich des 100. Geburtstages von „Sonnenkönig" Bruno Kreisky. ▶

Sein Tod überschattet Gedenkfeiern zum Jubiläum:

Kreisky-Sohn stirbt kurz vor 100. Geburtstag des Vaters

Das Drama um Kreisky-Sohn Peter überschattet das Jubiläum des „Sonnenkönigs": Kurz vor den Gedenkfeiern zum 100. Geburtstag eines der wohl unkonventionellsten, aber bedeutendsten Staatsmänner der Zweiten Republik stirbt der 66-Jährige ausgerechnet auf der auch bei seinem Vater so beliebten spanischen Mittelmeerinsel Mallorca.

Altkanzler Bruno Kreisky ging als einer der populärsten Politiker in die österreichische Geschichte ein. Sohn Peter blieb hingegen immer im übermächtigen Schatten seines Vaters, als in vielen Bürgerinitiativen engagierter Sozialwissenschaftler machte er sich aber auch einen Namen.

Nun stirbt der 66-Jährige auf der Lieblingsinsel seines Vaters. Bei einer Bergtour im Sierra-de-Na-Burgesa-Gebirge erleidet Peter Kreisky einen Herzinfarkt. Ironie des Schicksals: Der Wissenschaftler und seine Frau wohnten auf Mallorca in genau jenem Haus, in dem auch Bruno Kreisky gerne verweilte.

Anlässlich der durch das Drama getrübten Gedenkfeiern zum 100. Geburtstag des „Sonnenkönigs" erinnert sich der erfahrene Politik-Journalist Dieter Kindermann an einige Anekdoten bei seinen Begegnungen mit dem Altkanzler zurück: „‚Hören Sie, das sag ich nur Ihnen', vertraute er mir ‚Staatsgeheimnisse' an. Mit dem Nachsatz: ‚Schreiben Sie das ja nicht.' Wenn man sich daran hielt, konnte es passieren, dass man von ihm angerüffelt wurde: ‚Da bekommen Sie aus erster Hand Informationen – und schreiben keine Zeile.'"

36 Tote bei Anschlag auf Flughafen ● Auch zwei Österreicher sterben:

Terror-Blutbad in Moskau!

◄ *Er befiehlt das Terror-Blutbad in Moskau. Eine Airport-Kamera hält die gewaltige Explosion fest.* ▼

Erneut erschüttert Russlands Hauptstadt Moskau ein blutiger Anschlag im Auftrag des kaukasischen „Terror-Emirs" Doku Umarow: Bei einer Bombenexplosion im Ankunftsbereich des Flughafens Domodedowo sterben 36 Menschen, es gibt 180 Verletzte. Unter den Todesopfern sind auch zwei Österreicher.

▲ *Familienvater Nikolay Ivanov und die 49-jährige Heidemarie Wallner sterben bei dem Bombenanschlag am Flughafen.* ▼

Bis zuletzt hoffen die Angehörigen des Buchhalters und seine Arbeitskollegen bei der Büromöbelkette Bene, dass Nikolay Ivanov das furchtbare Attentat überlebt hat. Der gebürtige Bulgare hatte erst vor einem Jahr bei der heimischen Firma begonnen und war als Controller für kaufmännische Agenden in Russland mitverantwortlich. Kurz nach seinem Ausstieg aus dem Flugzeug in Moskau telefoniert der 41-jährige Wiener noch mit seiner Frau: „Ich bin gut gelandet." Es soll sein letztes Lebenszeichen sein . . .

Nur wenige Minuten nach der Ankunft am Flughafen fordern die unheilvollen Splitter der Höllenmaschine noch ein weiteres österreichisches Opfer. Der Selbstmordattentäter reißt auch die in Wien lebende und arbeitende deutsche Bank-Mitarbeiterin Heidemarie Wallner mit in den Tod.

In einer Videobotschaft bekennt sich der als „Emir des Kaukasus" bekannte islamistische Rebellenchef Doku Umarow zu dem Terrorblutbad. Und er kündigt weitere Anschläge („Jahr von Blut und Tränen") an.

Geheimdienst ermittelt:

Spionageaffäre bei Renault um Pläne für E-Auto

Um die teuerste und wichtigste Forschungsinvestition unserer Zeit, das (abgasfreie) Elektro-Auto, braut sich eine gigantische Spionageaffäre zusammen: Der führende E-Auto-Spezialist Renault hat leitende Manager als Verräter unter Verdacht. Auf Anweisung von Staatspräsident Nicolas Sarkozy ermittelt jedenfalls der Geheimdienst. Die Hintermänner werden – wieder einmal – in China vermutet. Der französische Innenminister Eric Besson spricht im Zusammenhang mit der Renault-Affäre von einem „Wirtschaftskrieg". Der Konzern hat bereits vier Milliarden Euro in die Entwicklung des E-Autos gesteckt.

Flugzeugträger-Kommandeur wegen „witziger" Videoaufnahmen gefeuert

Peinliche Affäre in der US Navy: Dem Kommandeur des Flugzeugträgers „USS Enterprise" kosten pikante Videos den Job. Kapitän Owen Honors will mit „witzigen" Filmchen, in denen Männer Frauenkleider tragen und Duschszenen von Matrosinnen nachgestellt werden, die Besatzung erheitern. Doch die Aufnahmen mit schwulen- und frauenfeindlichen Szenen gelangen ins Internet.

„USS-Enterprise"-Kapitän Owen Honors wird seines Kommandos entbunden.

Als Schauspielerin versucht sich die sexy US-Sängerin Christina Aguilera in dem flotten Musical-Film Burlesque durchaus erfolgreich. An der Seite von Kollegin und Altstar Cher kann die 30-Jährige nicht nur mit gesanglichem Talent die Kritiker überzeugen. Beim Golden Globe für den besten Original-Titel hat allerdings die junggebliebene 55-Jährige die Nase vorne . . .

Nach Horror-Erdbeben wütet Cholera in Haiti

Haiti kommt nicht zur Ruhe. Nach dem Horror-Erdbeben wütet die erste Cholera-Epidemie seit mehr als 100 Jahren im Armenhaus der Karibik. Bis zu 200.000 Menschen erkranken an der Seuche, es gibt Tausende Todesopfer.

18 Jahren auf Flucht: Häftling in Zelle zurück

Justitia hat einen langen Atem: Nach seiner Flucht bei Außenarbeiten auf dem Gelände der Strafvollzugsanstalt Hirtenberg in Niederösterreich vor 18 Jahren wird ein verurteilter türkischer Drogendealer nun bei seiner Rückkehr verhaftet.

Im Öko-Wahn ersticht Sohn den Vater (78)

Vatermord am Dreikönigstag! Da er sich vom Rauch aus den Schornsteinen der Nachbarhäuser gesundheitlich geschädigt fühlt, dreht ein einstiges Computergenie (48) aus Kledering bei Schwechat in Niederösterreich beim Frühstück mit seinen Eltern durch: Er ersticht den 78-Jährigen.

Volksrepublik will politischen Einfluss in Europa

Chinesen im „Kaufrausch“: Charmeoffensive mit Kalkül

Der „rote Drache“ streckt seine Krallen nach Europa aus! China geht mit seinen gewaltigen Devisenreserven auf Einkaufstour. Neben den durch die Finanzkrise schwer gebeutelten EU-Staaten profitiert auch der Euro von der Charmeoffensive der Wirtschaftsmacht.

Der Kauf etwa von Staatsanleihen hoch verschuldeter Länder wie Griechenland, Spanien, Portugal oder Irland hat natürlich neben wirtschaftlichen auch politische Ziele. Die Volksrepublik will ihren Einfluss in Europa (Stichwort Waffenembargo) gezielt ausweiten. Peking möchte zudem seine gigantischen Devisenreserven von knapp drei Billionen Dollar verstärkt in Euro anlegen. Derzeit haben europäische Staaten 500 Milliarden Euro Schulden bei China. Andererseits entlastet das Engagement der boomenden Wirtschaftsmacht auch die europäische Gemeinschaftswährung selbst.

Härtetest in Wüste endet mit VW-Sieg

Die legendäre Rallye Dakar findet auch heuer in Südamerika statt. Beim Rennen durch Argentinien und Chile fährt der aus Katar stammende VW-Pilot Nasser Al-Atiyah als Erster durch das Ziel in Buenos Aires. Den Motorrad-Sieg sichert sich der Spanier Marc Coma auf einer heimischen KTM.

Krone-Chronik Jänner 2011

- Bei Urmia (Iran) gerät eine Boeing 727 der Iran Air in einen Schneesturm und zerbricht bei der Notlandung: 79 Menschen sterben, während sich 26 Insassen nur leicht verletzt retten können.
- Mit dem abgetrennten Kopf eines von ihm bei einem Unfall getöteten Radfahrers auf dem Beifahrersitz fährt ein betrunkener Raser bei Marseille (Frankreich) nach Hause. Seine Frau alarmiert die Polizei.
- Die US-Raumfahrtbehörde NASA hat kein Geld, um Nachfolger für die altersschwachen „Space Shuttles" zu entwickeln. Ihre Astronauten müssen sich sehr bald ganz auf russische Zubringerdienste zur ISS verlassen.
- Der Oberste Gerichtshof hat den Streit um die österreichische Bundeshymne entschieden: Die Textänderung im Rahmen einer Bildungsoffensive war zulässig. Christina Stürmer darf also weiterhin singen: „Heimat bist du großer Söhne UND TÖCHTER!"

Als „Helden der Lüfte" werden die Extremsportler (Bild oben) beim traditionellen Snodeo in Rangley (USA) gefeiert. Als „Helden des Alltags" sind Hunderte Pistenarbeiter mit Raupen und Motorschlitten auf Österreichs Bergen unterwegs. Vor allem in der Nacht, wenn es gilt, Hänge zu präparieren oder Schneekanonen zu warten, befinden sich die Männer oft in großer Gefahr und werden in Unfälle verwickelt. So prallt Pistenarbeiter Valentin L. (40) im Skigebiet Nassfeld (Kärnten) gegen ein Stahlseil, das zur Sicherung einer Raupe über die Piste gespannt war: Eine Kerze erinnert an den Getöteten.

***Ex-Governor** Arnold Schwarzenegger gibt dem „Krone"-Team Werner Kopacka (li.) und Christian Jauschowetz (re.) das weltweit erste Interview nach seinem Polit-Abschied von Kalifornien. Nach sieben Jahren Absenz von Hollywood locke ihn der Film wieder. Noch weiß der „Terminator" nicht, dass seine verhängnisvolle Affäre bald auffliegen wird . . .*

Kronen Zeitung
UNABHÄNGIG

Nach „Coras“ Tod warnen Ärzte vor Eingriffen:

Jährlich 50.000 Operationen durch Schönheitschirurgen

Nach dem Tod des „Big-Brother“-Stars Cora, die mit 23 Jahren nach der 6. Brust-Operation gestorben ist, fordert der Wiener Schönheitschirurg Wolfgang Metka eine Ausbildung zum Facharzt für ästhetische Chirurgie: „Bei uns kann jeder Arzt Schönheits-OPs machen.“

„Jährlich werden in Österreich 50.000 Schönheitsoperationen durchgeführt“, so „Krone“-Redakteur Erich Schönauer. Und: Immer mehr Ärzte bieten ästhetische Chirurgie an, ohne wirklich dafür ausgebildet zu sein. Denn: In Österreich ist die Bezeichnung Schönheitschirurg nicht geschützt.

Somit erlaubt das Gesetz jedem Arzt, solche Eingriffe durchzuführen. Deshalb fordert Dr. Metka eine Ausbildung zum Facharzt für Schönheitschirurgie.

So hätte vielleicht auch „Coras“ Tod verhindert werden können. Das deutsche Sex-Sternchen wollte bei einer Größe von 1,57 Meter und 47 Kilo seinen Busen auf die Extrem-Körbchengröße 70 G operieren lassen.

Tot nach 6. Busen-Operation: Sex-Sternchen „Cora“ gilt als Opfer der Schönheitschirurgie.

Gewalttätiger „Stiefvater“ (26) prügelte erbarmungslos auf den kleinen Cain (3) ein:

Bub mit Besenstiel erschlagen!

Ein Besenstiel und die eigenen Fäuste – das sind die Mordwerkzeuge, mit denen ein in der Schweiz widerstandslos verhafteter Serbe sein wehrloses Opfer in Bregenz (Vlbg.) umgebracht hat. Bei der Obduktion waren Folterspuren an dem kleinen Körper festgestellt worden: Cain wurde von seinem „Stiefvater“ erschlagen . . .

„In meiner langjährigen Dienstzeit bin ich noch nie mit derartiger Brutalität konfrontiert worden“, so Norbert Schwendinger, Leiter der Bregenzer Mordabteilung im Gespräch mit Fotograf Dietmar Mathis.

Laut Kriminalisten wurden Cain (3) sowie dessen Bruder systematisch vom Freund ihrer Mutter gequält. „Die Kinder waren grün und blau geprügelt – unverständlich, dass das niemandem aufgefallen ist und dass das Jugendamt nicht eingeschritten ist“, wundert sich eine Nachbarin.

Doch der verdächtige drogensüchtige Serbe Miloslav M. durfte ungehindert in der Wohnung bleiben. Erst nach der Bluttat flüchtete er mit dem Wagen seiner Lebensgefährtin in die Schweiz, wo er im Kanton Appenzell verhaftet wurde.

Für Unverständnis unter den Bürgern sorgt zudem die Tatsache, dass Cains schlagkräftiger Peiniger ausgerechnet wegen Muskelschwäche mit 1150 (!) Euro in die Frühpension geschickt wurde. So nebenbei besserte er sein Einkommen durch Drogenhandel auf.

◄ Cain wurde in dieser Siedlung vom „Stiefvater“ (li.) erschlagen.

Irrer Killer jagt liberaler Abgeordneter

Polit-Massaker

„Es ist eine unsagbare Tragödie, für Arizona und für das ganze Land!“, sagt US-Präsident Barack Obama. Die Erschütterung steht ihm ins Gesicht geschrieben. Nach dem Polit-Massaker in Tucson, bei dem ein 22-jähriger Obama-Hasser einer demokratischen Abgeordneten in den Kopf geschossen, sechs weitere Menschen getötet und mehr als ein Dutzend Menschen verletzt hat, liegt Amerika in einer Art Schockstarre.

„Denn der blutige Anschlag ist das traurige, aber schon lange zu befürchten gewesene Ergebnis einer irrwitzigen Hass-Kampagne der erzkonservativen ‚Tea-Party‘-Bewegung gegen alles, was mit US-Präsident Barack Obama und seinen Demokraten zu tun hat“, bringt US-Korrespondent Dierk Sindermann das Problem auf den Punkt.

Wegen seiner Gesundheitsreform, die mehr als 30 Millionen Amerikanern erstmals eine Krankenversicherung bringt, wurde Obama in bewusster Verdrehung aller Tatsachen als „Oma-Mörder“ verunglimpft. Und die Galionsfigur der „Tea-Party“, die republikanische Ex-Präsidentschaftskandidatin Sarah Palin, hatte all jene demokratischen Abgeordneten, die für die Gesundheitsreform gestimmt hatten, auf ihrer Website mit einem Fadenkreuz markiert – unter ihnen Gabrielle Giffords (40) aus Arizona!

▲ Das letzte Bild vor Hans Gruggers schrecklichem Sturz im Abfahrtstraining von Kitzbühel. 57 Tage später kann er mit Freundin Ingrid nach Hause gehen. ▼

57 Tage nach Horrorsturz auf Kitzbüheler Streif

„Mein schönster Sieg ist wieder gesund zu sein!“

Die Ärzte sprechen von einem medizinischen Wunder: Am 20. Jänner war Hans Grugger im Training auf der Streif nach einem weiten Flug in der Mausefalle gestürzt und mit dem Kopf auf der harten Piste aufgeprallt. Nur dank einer Notoperation wird sein Leben gerettet . . .

. . . doch bereits 57 Tage später darf der Salzburger Ski-Star an der Seite von Freundin Ingrid Rumpfhuber (fast) gesund die Neuro-Rehab-Klinik in Hochzirl verlassen. „Kein Rollstuhl, keine Krücken. Hans Grugger betrat den Seminarraum im Krankenhaus so flott wie ein Pressezentrum nach einem Skirennen“, beschreibt Redakteur Norbert Niederacher Gruggers erste Schritte zurück in ein normales Leben, das bereits am seidenen Faden gehangen ist.

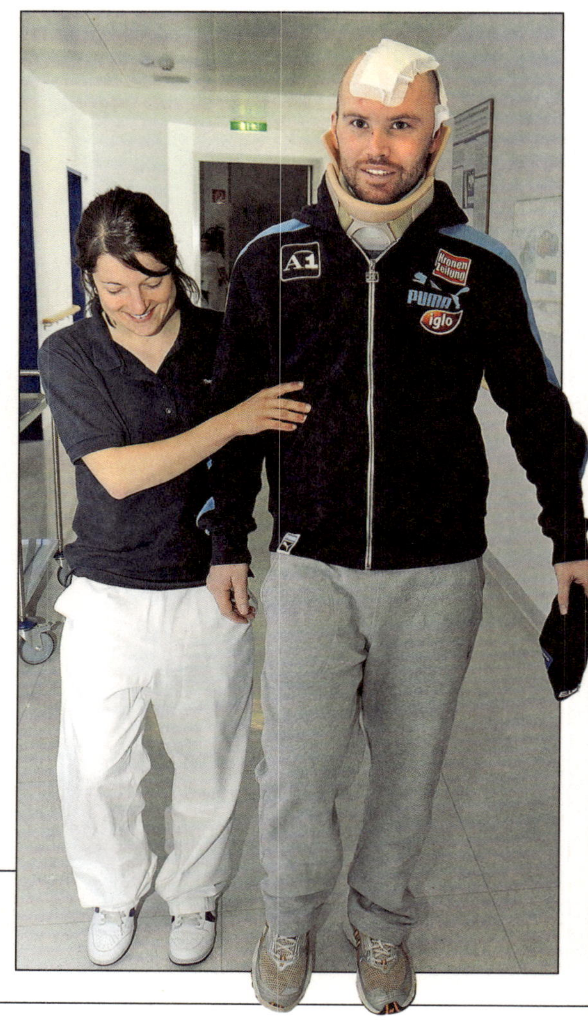

Nach dem Schädel-Hirn-Trauma gewinnt Grugger in der Rehab-Klinik sein größtes Rennen.

bei Partei-Veranstaltung Kugel in den Kopf und tötet sechs weitere Menschen:

schockt Präsident Obamas USA

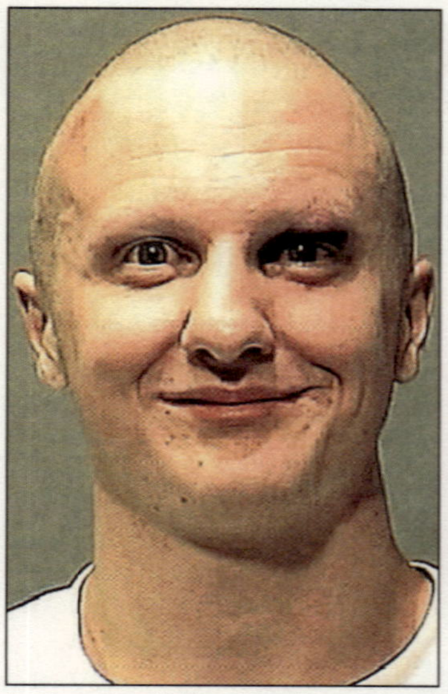

Lachender Killer: Jared Loughner

▲ *Schweigeminute vor dem Weißen Haus. Gedenken an die Toten: Unter ihnen die neunjährige Christina Green: Sie war eines der 50 NINE-ELEVEN-Babys, geboren am Schicksalstag der Amerikaner. – Abgeordnete Gabrielle Giffords überlebt schwer verletzt.* ▶

Und genau dieser Politikerin, die Obama als seine „Freundin" bezeichnet, hat der 22-jährige Demokratenhasser Jared L. Loughner bei einer Veranstaltung für Parteifreunde in einem Einkaufszentrum in Tucson aus nächster Nähe eine Kugel in den Kopf gejagt!

Dann feuert er aus seiner halbautomatischen Pistole noch rund 20 weitere Schüsse ab und richtet ein Blutbad an: Sechs Menschen sterben. Unter ihnen Christina Green: Sie war das schöne, starke, trotzige Gesicht der amerikanischen Hoffnung, geboren am 11. September 2001. Als eines der fünfzig NINE-ELEVEN-Babys erlebt sie ihren zehnten Geburtstag und den Gedenktag des Terroranschlags nicht mehr . . .

Erst als der Killer nachladen will, kann ihm eine Frau die Waffe aus der Hand schlagen, und zwei Augenzeugen schaffen es, ihn zu überwältigen. Das Klima des Hasses war offenbar der Auslöser der Tat. Denn im Internet schrieb der Täter: „Ich kann dieser Regierung nicht trauen. Sie betreibt Gehirnwäsche." – Auf den Killer wartet die Giftspritze.

Kerzen für die Massaker-Opfer

Kalender ohne Weihnacht, aber mit Ramadan

Christen werden von der EU schwerst brüskiert

Nur eine „kleine Panne" oder vielleicht gar schon eine Vorleistung an den Islam? Die EU hat um fünf Millionen Euro der Nettozahler Kalender für Schulen drucken lassen, in denen im Jahr 2011 kein christlicher Feiertag eingezeichnet ist, jedoch die Feiertage anderer Religionen!

Als der Fauxpas schließlich bekannt wird, meint der Sprecher der Europäischen Union lapidar: „Ein grober Fehler, der auf mangelnde Sorgfalt zurückzuführen ist. Das Ganze wird bei der nächsten Auflage korrigiert."

Eine lückenlose Erklärung dafür, weshalb dieser Skandal für Millionen europäische Schulkinder überhaupt erst möglich wurde, gibt es aber nicht.

Das deutsche Schulschiff „Gorch Fock" wird vom Minister zurückbeordert.

▲ Der gefeuerte Kapitän Norbert Schatz. Unter seinem Kommando musste Kadettin Sarah S. auf das Großbramsegel klettern – sie stürzte in den Tod. ▼

Schikanen, Exzesse und Meuterei auf deutschem Schulschiff

Todesfall auf der „Gorch Fock" Der Kapitän wird abberufen!

Nach Meuterei-Vorfällen auf der „Gorch Fock" kehrt das deutsche Segelschulschiff in seinen letzten Hafen in Argentinien zurück, um dort auf Ermittler der Marine zu warten – es geht darum, den Tod einer Kadettin zu klären, die aus 27 Meter Höhe aufs Deck gestürzt war.

Nach den Meuterei-Vorwürfen und angeblichen sexuellen Übergriffen an Bord der „Gorch Fock" ordnet Verteidigungsminister Theodor zu Guttenberg die Abberufung von Kapitän Norbert Schatz und die Rückkehr des Schiffes an. Noch vor ihrem Todessturz soll Kadettin Sarah S. (25) gesagt haben, „dass sie nicht mehr könne". Ein Offizier soll darauf geantwortet haben, sie solle sich nicht so anstellen. Nach dem Tod der Kadettin schlägt die Affäre um das Schulschiff immer höhere Wellen: Schon 2008 war eine 18-Jährige aus ungeklärter Ursache ertrunken. Ihre Eltern vermuten, sie sei sexuell belästigt worden. – Zudem werden Alkoholexzesse und weitere arge Schikanen an Bord bekannt.

Filmfeier überschattet

Facebook-Mord an 13-Jähriger

Ausgerechnet an dem Abend, an dem der Facebook-Streifen „The Social Network" mit vier Preisen für den „besten Film", Regie, Drehbuch und Musik zum großen Sieger bei den „Golden Globes" gekürt wird, erschüttert ein Internet-„Drama" die Welt: Denn in Vilnius (Litauen) wird ein Mordfall geklärt, bei dem der 14-jährige Täter sein 13-jähriges Opfer genau über dasselbe Online-Netzwerk kennengelernt hatte. Der Killer lud sein Opfer via Internet zum Essen in die Hauptstadt – Stunden später wurde die entkleidete Leiche beim Busbahnhof gefunden.

*„**Schritte und Spuren**" in der Staatsoper, so nennt Kultur-Redakteur Volkmar Parschalk die atemberaubende Huldigung von Ballettchef Manuel Legris für den europäischen Starchoreografen Jiri Kylian. Die Tänzerinnen Ketevan Papava und Marie-C. D'Lyse begeistern im Hauptwerk „Bella Figura" zur Musik von Lukas Foss, Pergolesi, Marcello, Vivaldi und Torelli.*

Peter Alexander
1926–2011
BITTE BLÄTTERN SIE UM ▸

Musik war Peter Alexanders Leben: Mit Hunderten Hits stürmte er durch viele Jahrzehnte die Charts.

Unbeschwerte Tage mit Ehefrau Hilde und den Kindern Susanne und Michael

Adieu, Peter

Mit seinen Hits, Filmen und TV-Shows brachte Peter Alexander viel Freude, aber als der Tod kam, war er einsam

◄ Mit seiner Familie posierte Peter Alexander auf einer Vernissage seiner malenden Tochter stolz vor der Kamera: Neben ihm Susanne, Hilde, Michael und dessen Ehefrau.

Ein großer Entertainer hat die Bühne des Lebens für immer verlassen: Peter Alexander starb am 13. Februar 2011 im Alter von 84 Jahren. Hunderte Hits, mehr als 60 Filme und seine legendären Fernsehshows hatten ihn zu einem Publikumsliebling gemacht. Dennoch war er im Tod einsam – 2003 verlor er seine über alles geliebte Ehefrau Hilde, 2009 kam Tochter Susanne ums Leben.

Der Weg zum Entertainer war dem am 30. Juni 1926 geborenen Peter Alexander Neumayer (so hieß er wirklich) nicht vorgezeichnet – er sollte eigentlich Medizin studieren. Doch ihn rief die Kunst – und so besuchte Peter das Reinhardt-Seminar in Wien, das bereits viele berühmte Schauspieler hervorgebracht hat. Er sah sich schon als klassischen Helden wie Hamlet, bekam dann aber ein Stipendium als komisches Talent . . .

Nach der Abschlussprüfung 1948 wurde der frischgebackene Schauspieler ans Bürgertheater engagiert, musste sich jedoch mit Zweitbesetzungen zufriedengeben. Da fiel ihm sein Gesangstalent ein. Der Mime versuchte es bei einer Plattenfirma – und erhielt gleich einen Vertrag. „Von nun an ging's nur noch steil nach oben", so „Krone"-Urgestein Erich Vorrath über eine einzigartige Karriere. Der erste Hit ließ nicht lange auf sich warten: „Das machen nur die Beine von Dolores." Das war der Auftakt zu einer endlosen Reihe musikalischer Erfolge, an deren Ende die 1991 erschienene CD „Verliebte Jahre" stand, die von Dieter Bohlen produziert wurde.

Der Film rief ebenfalls

▲ *Peter Alexander als Queen Elizabeth und mit Waltraud Haas im „Weißen Rössl"* ▶

der Große

nach Peter Alexander und 1963 entdeckte ihn das Fernsehen. Ein Glücksgriff, der Alexander endgültig zu Peter dem Großen machte. Weltstars wie Liza Minnelli, Joan Collins oder Johnny Cash traten bei ihm auf.

Immer treue Begleiterin war Alexanders Ehefrau Hilde, liebevoll Schnurrdiburr genannt. Die Kinder Susanne und Michael vervollständigten das Lebensglück. Als dann Hilde starb und später seine Tochter bei einem Autounfall getötet wurde, blieb ein einsamer Mann zurück.

◀ *Auch mit mehr als 80 Jahren gab es noch Goldene Schallplatten.*

Alexander-TV-Show: Peter mit „Denver"-Biest Joan Collins und Udo Jürgens

Peter Alexanders Sarg, von einem Blumenmeer umflossen

Tausende

Trauernde Fans kamen sogar von weit her, um ihrem Peter ein letztes „Servus" zuzurufen

Peter Alexander sollte still und leise, wie er seit Jahren gelebt hatte, auf dem Grinzinger Friedhof zur letzten Ruhe gebettet werden. Aber die Menschen wollten dem großen Entertainer noch einmal zum Abschied „Servus" zurufen. Und so wurde er am 19. Februar öffentlich aufgebahrt. Tausende Menschen gingen am Sarg vorbei.

Wiens Bürgermeister Häupl

Schon zeitig in der Früh kamen viele Trauernde zum Wiener Zentralfriedhof – und als die Halle mit dem Sarg Peter Alexanders geöffnet wurde, hatte sich bereits eine respektable Schlange gebildet. Von weit her waren manche Fans angereist, aus dem niederösterreichischen Waldviertel, dem Alpenvorland und sogar aus Köln, denn der große Entertainer war für mehr als eine Generation ein guter Freund und Lebensbegleiter, der mit seinen Shows so manche schwierige Situation vergessen ließ. „Wir sind mit ihm aufgewachsen", brachte es ein Fan auf den Punkt.

Vor der Halle konnten sich die Besucher in eines der vier Kondolenzbücher eintragen. Da schütteten einige Menschen regelrecht ihr Herz aus und fassten ihre Trauer in bewegende Worte.

Auch Prominente nahmen Abschied von der Showlegende: Bundeskanzler Werner Faymann, Kulturministerin Claudia Schmied und Wiens Bürgermeister Häupl. Die unvergessene Rössl-Wirtin Waltraud Haas ging ebenfalls am Sarg ihres Oberkellners Leopold vorbei, der von einem Blumenmeer umflossen war. Hier lagen Kränze von Bundespräsident Heinz Fischer, Udo Jürgens und vielen anderen. Einige Trauernde zündeten Kerzen an.

Nachher bekamen die Besucher Billetts mit dem Bild

Manche schütteten regelrecht ihr Herz aus, als sie sich in eines der Kondolenzbücher eintrugen

am Sarg Alexanders

Peter Alexanders. Ein schönes Andenken, das die Fans sicher noch lange in Ehren halten werden.

Das Begräbnis fand dann, wie es sich der Verstorbene gewünscht hatte, in aller Stille am Grinzinger Friedhof statt. Weder Datum noch Uhrzeit waren bekannt gegeben worden. Nur die Familie und eine Handvoll der besten Freunde waren dabei, als der Sarg Peter Alexanders in das Familiengrab gesenkt wurde – zu seiner geliebten Hilde und Tochter Susanne.

Viele kamen zum Sarg Peter Alexanders, Fans brachten Blumen. Begraben wurde er in Grinzing. ▼

Auer-Welsbach legt ein Geständnis ab

Acht Jahre Haft für Millionen-Jongleur

„Ja, ich war der Mastermind, ich muss für alles die Verantwortung übernehmen – und das tue ich jetzt“, gesteht Dr. Wolfgang Auer-Welsbach. Er erklärt, wie er mit seiner Finanzfirma AvW mindestens 450 Millionen Euro Schaden anrichten konnte. Zur Belohnung gibt's ein schnelles Urteil, zu dem der 55-Jährige „Danke“ sagt.

Auer-Welsbach nimmt die acht Jahre Haft an und beschönigt endlich nichts mehr: „Die Befugnis, über fremdes Vermögen zu verfügen, bedingt die höchste Sorgfaltspflicht. Ich habe das missbraucht.“ – „Nicht taktisches Kalkül hätte ihn daher zum Umdenken und einem umfassenden Geständnis bewogen, sondern das Faktum, dass das, was für ihn bisher Zahlen waren, nun ‚Menschen sind, die wegen mir so leiden‘“, berichtet „Krone“-Redakteurin Kerstin Wassermann vom Prozess gegen den Kärntner Millionen-Jongleur.

Rund 13.000 Geschädigte haben sich dem Strafverfahren angeschlossen. Wie viel die geprellten Anleger von ihrem Geld je wiedersehen werden, ist aber fraglich.

Luxuriöses Leben auf Kosten geschädigter Anleger – dazu gehört auch ein Rolls-Royce ▶

***König & Königin** des Fußballs! Zlatko Junuzovic und Jasmin Krejc werden zu Fußballern des Jahres gekürt. Austrias Mittelfeld-Ass und die Torfrau des ASV Spratzern gewinnen die jährlich von der „Krone“ veranstaltete Wahl. Rapid-Coach Peter Pacult wird zum vierten Mal „Trainer des Jahres“.*

Im Visier von Greenpeace – Atom-Profiteur Wolfgang Schüssel

Er erhält fettes Honorar

Atom-Profit für den Ex-Kanzler

„Österreichs Anti-Atompolitik ist ein Desaster!“, so die Greenpeace-Kritik. Während die Regierung im „atompolitischen Dornröschenschlaf schlummert“ und nichts gegen die Laufzeitverlängerung deutscher Risiko-Reaktoren unternimmt, kassiert Ex-Kanzler Wolfgang Schüssel vom Atomriesen RWE ein fettes Honorar. Der ÖVP-Nationalratsabgeordnete sitzt nämlich im Aufsichtsrat des Nukleargiganten und kassiert dafür satte 117.000 € jährlich. – Im April wird der Vertrag um fünf Jahre verlängert . . .

Krone-Chronik Februar 2011

- Greenpeace deckt einen brandgefährlichen Atom-Alarm vor unserer Haustür auf: Im slowakischen AKW Mochovce stand ein Turbogenerator lichterloh in Flammen. Die Megapanne wurde drei Monate vertuscht!
- Bei der PISA-Studie ist Österreich nie unter den Spitzenreitern zu finden. Dafür zählt das heimische Bildungssystem mit 97.789 Dollar Pro-Kopf-Ausgabe für die Pflichtschulzeit zu den teuersten der Welt.
- Das Weltraumteleskop „Kepler“ hat 1235 mögliche neue Planeten entdeckt! Fünf davon sind der Erde ähnlich.

Eine Wienerin ist Playmate in der Februar-Ausgabe des Männermagazins „Playboy". Im Sommer verbringt Dominique Regatschnig jede freie Minute am See. Im Winter bleibt sie gern daheim, kuschelt mit ihrem Freund und liest. Wo man die 20-Jährige in Wien antreffen kann? „Beim Weggehen in der ‚Passage'."

Seine riesigen Eroberungen ließen Erde abkühlen

Dschingis Khan beeinflusste Klima

Durch seine Eroberungen hat Dschingis Khan das Klima seiner Zeit verändert! Das ergibt eine US-Studie, die Auswirkungen historischer Ereignisse auf die Emissionen untersucht. Denn der Eroberungsfeldzug der Mongolen entvölkerte Landstriche. Es kam zum rasanten Wildwuchs der Vegetation, die die Erderwärmung stoppte und den Planeten abkühlte. Wuchernde Vegetation band 700 Millionen Tonnen Kohlendioxid aus der Atmosphäre. Das entspricht einem jetzigen Jahresausstoß durch den Erdölverbrauch.

Jeder 2. fällt bei Deutsch- oder EDV-Prüfung durch

Postler scheitern am „Polizei-Test"

Exakt 759 Post- oder Telekom-Mitarbeiter haben sich seit November 2009 bei der Polizei beworben. Allerdings waren unter den Kandidaten nicht nur „schlaue Postfüchse". Nahezu jeder Zweite scheiterte bei den Aufnahmetests: Entweder wegen fehlender Computer- oder mangelnder Deutschkenntnisse. Alles in allem haben bisher nur 274 der erhofften 1000 Postler vom gelben Riesen zum Blaulicht gewechselt. Ein Bewerber musste seinen Polizeidienst bereits am ersten Tag beenden: Er erschien sternhagelbetrunken im Wachzimmer.

Cobra-Kooperation mit Russlands Polizei bringt innovative Sicherheitsideen:

„Eck-Gewehr" als Anti-Terror-Waffe

Nachdem Innenministerin Fekter mit Russland einen „Pakt gegen den Terror" geschlossen hat, trainieren unsere Profis von der „Cobra" die „Russen-Rambos" für Olympia 2014. Gleichzeitig gilt es technische Wunderwaffen wie „das ums Eck schießende Gewehr" zu testen.

▲ Der Gewehrlauf wird geknickt – per eingebauter Videoanlage kann der Schütze dann das Ziel „gleichsam um die Ecke" anvisieren – und die Kugel im vorderen Waffenteil auslösen.

Beim bilateralen Treffen in der Kommandozentrale der „Russischen Büffel" – so der Name der Sondereinheit – präsentierten die Russen ihre „Geheimwaffe" jedenfalls stolz. Dass die Wunderwaffe, mit der man im rechten Winkel und somit völlig geschützt hinter einer Hauswand etc. versteckt schießen kann, schon erfunden ist, wussten unsere Polizisten bereits.

„Natürlich testen wir Innovationen auf dem Waffensektor. Allerdings müssen wir evaluieren, inwiefern solche Waffensysteme für uns in Österreich überhaupt nötig sind", erklärt „Cobra"-Oberst Wolfgang Eder.

Konkret geht es beim künftigen Training der russischen Sondereinheiten darum, die Erfahrungen von der EURO 2008 weiterzuleiten. Das heißt: Deeskalation – und nicht blinde Härte gegen Fans oder Demonstranten.

Späte Gerechtigkeit nach Sexualmord im Jahr 1992 ● Geschworne entscheiden

Mordfall Silke: Ein Urteil nach 18

„Späte Gerechtigkeit nach dem Sexualmord an der damals 17-jährigen Salzburgerin Silke Schnabel vor mehr als 18 Jahren", so fasst „Krone"-Redakteur Manfred Heininger das Ende des neu aufgerollten Mordprozesses zusammen: Der 52-jährige Lagerarbeiter Anton Weiss wird zu zwanzig Jahren Haft verurteilt.

Staatsanwalt Andreas Allex im Schlussplädoyer: „Er war der Letzte, der Silke Schnabel lebend gesehen hat. Und der Kriminalpsychologe Thomas Müller hat die Parallelen zwischen den Vorstrafenakten und dem Mordfall Schnabel genau herausgearbeitet." Müller ruft auch die Aussagen jener Zeugen in Erinnerung, die Anton Weiss wenige Stunden vor dem Mord „sehr aggressiv" gesehen hatten. Ein wichtiges Indiz ist die Drohung gegenüber zwei Prostituierten, die ihn als Mörder bezeichnet hatten: „Haltet die Gosch'n, sonst geht's euch wie der Silke!"

Stefan Rieder, Anwalt der Mutter Silke Schnabels, richtet auch einen letzten

▲ 1992 wurde Silke Schnabel (17) vergewaltigt und erwürgt. Richter Günther Nocker verkündet das Urteil: „20 Jahre Haft!" ▶

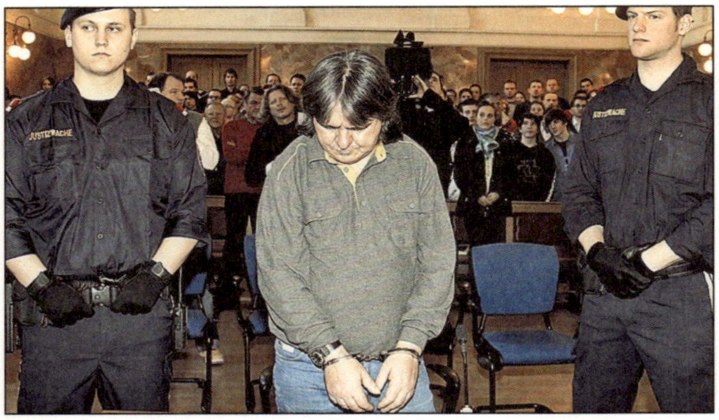

Gesenkten Hauptes tritt Anton Weiss vor die Geschwornen.

Wir haften mit 800 Millionen:

Erste Hilfsmilliarden landen in Irland!

Anfang Februar wird es ernst: Irland braucht die erste Finanzhilfe aus dem Euro-Haftungsschirm! Mit 3,6 Milliarden Euro ist die bereits überwiesene Kreditsumme sogar höher ausgefallen als ursprünglich geplant. Österreich muss bei der gesamten Rettungsaktion mit rund 800 Millionen Euro geradestehen, da es um den Schutz der gemeinsamen Währung geht. Insgesamt soll die „Grüne Insel" in den kommenden zwei Jahren mit Krediten von 67,5 Milliarden Euro versorgt werden. Allerdings werden Zweifel laut, ob diese Frist und die Höhe überhaupt noch realistisch sind.

Großer Mangel an Pädagogen:

Den Schülern gehen bald die Lehrer aus

Bildungsexperten schlagen Alarm: Der Lehrermangel in Österreich wird in den kommenden Jahren immer drastischer! Dabei steht die große Pensionierungswelle erst bevor: Bis zum Jahr 2025 wird die Hälfte aller Lehrer in den Ruhestand treten. Und was jetzt noch dazukommt: Für die neue Mittelschule – die Zahl der Standorte wächst – werden zusätzliche Pädagogen gebraucht. Damit am Lehrerpult nicht gähnende Leere herrscht, werden nun sogar viele Pädagogen zurück in die Klassen geholt. Und auch Studenten, die mit ihrer Ausbildung noch nicht einmal fertig sind, unterrichten bereits.

Nicht nur in Industriestaaten:

Eine halbe Milliarde Menschen fettleibig

Die Zahl der Übergewichtigen steigt stetig, das zeigt eine Studie zu Fettleibigkeit, Bluthochdruck und Cholesterin-Werten mit Daten aus 199 Staaten: Eineinhalb Milliarden Menschen gelten als zu dick, rund eine halbe Milliarde – 205 Millionen Männer und 297 Millionen Frauen – sogar als fettleibig. Weltweit liegt der durchschnittliche Body-Mass-Index (BMI) der Männer bei 23,8, für Frauen ist er mit 24,1 etwas höher. Ab einem BMI von 25 gilt jemand als übergewichtig, ab 30 als fettleibig. Und: Das Problem gibt es auch in Ländern mit niedrigen oder mittleren Einkommen.

7:1 ● 20 Jahre Haft

Jahren!

Appell an die Geschworenen: „18 Jahre in Freiheit nach so einem Verbrechen sind genug!“ Rieder war es übrigens gewesen, der 2008 den Wiederaufnahmeantrag gestellt und nach langem Hickhack auch durchgebracht hatte.

Während Verteidiger Karl Wampl bis zuletzt gegen die erdrückenden Indizien kämpft, sagt Richter Günther Nocker abschließend zum Angeklagten: „Wollen Sie noch etwas hinzufügen?“ Anton Weiss bestreitet die Bluttat bis zuletzt und antwortet gesenkten Hauptes: „Ich hab's schon gesagt: Ich war's nicht!“

Die acht Geschworenen entscheiden nach einer zweistündigen Beratung aber mit 7:1 Stimmen anders: Anton Weiss hat am 11. Juli 1992 die 17-jährige Silke Schnabel vergewaltigt, erwürgt und danach die Leiche in die Salzach geworfen. Der Angeklagte wird zu 20 Jahren Haft verurteilt.

▲ *Auch TV-Star Charlie Sheen soll bei Orgien auf potenzsteigernde Mittel setzen – Bodybuilder bevorzugen nach wie vor Anabolika.* ▼

20 Festnahmen bei Operation „Sledge Hammer“

Großschlag gegen die globale „Fitness-Mafia“

Großschlag gegen einen der größten Anabolika-Ringe weltweit. Im Zuge der „Operation Sledge Hammer“ werden 25 Verdächtige festgenommen. Sie hatten Tonnen an Anabolika, Hormonpräparaten etc. verschoben – europaweit und gar bis nach Amerika!

Unter den Haupttätern befindet sich auch der selbst ernannte „Anabolika-Papst“, ein Ex-Gendarm, der sich mit einer Art Betriebsanleitung für Dopingkonsumenten einen Namen in der Szene gemacht hat.

Der 57-jährige „Dr. Zahn“, so der Insider-Name des wegen Kokainhandels gefeuerten Ex-Kriminalisten, hatte drei Großlager in Niederösterreich angelegt: Zwei Tonnen Anabolika, Hormonpräparate und Stimulanzen werden hier vom Bundes- und Landeskriminalamt Niederösterreich sichergestellt. Eine weitere Tonne wird in Deutschland aus dem Verkehr gezogen.

Ermittlungen ergeben, dass die Verdächtigen ihre Ware bis in die USA verschickten. Vor allem Präparate zur Potenzsteigerung fanden auf dem amerikanischen Markt großen Absatz.

„Zudem gelang es der Bande mit eigens geschulten Keilern, die sich als ‚Ernährungsberater‘ ausgaben, in diversen Fitness-Studios interessierte Kunden für ihre Doping-Produkte zu finden“, so der BKA-Abteilungschef Dr. Ernst Geiger.

US-Marine versenkt Piratenboote

Die US-Marine vereitelt im Golf von Oman einen Piraten-Angriff auf ein Handelsschiff und zerbombt die Boote der Seeräuber. Der US-Kreuzer „Bunker Hill“ und der Zerstörer „Momsen“ waren von der Besatzung eines panamesischen Frachters zu Hilfe gerufen worden, teilt die US Navy mit. Die beiden aufgebrachten Piratenschiffe gehen in Flammen auf und versinken im Meer.

Da er sich vorm Gefängnis fürchtet, droht Familienvater (34) mit Selbstmord

Amoklauf statt Haftantritt: endet mit „Todesgefecht“

Weil er nicht ins Gefängnis will, dreht ein Niederösterreicher in Hirtenberg (NÖ) durch. Denn als ihn zwei Polizisten überprüfen, eröffnet der Mann das Feuer: Im Schusswechsel wird ein Polizist schwer verletzt, ein weiterer tödlich getroffen. Danach richtet sich der ebenfalls verwundete Todesschütze (34) selbst!

Thomas P.: Ex-Buchhalter, UN-Soldat und Amokläufer. In der Nähe eines Bahnübergangs kommt es zum Drama.

„Ins Gefängnis gehe ich nie und nimmer. Da erschieß ich mich vorher“, so kündigt der arbeitslose Mann gegenüber der Ehefrau seinen Selbstmord an. Er hätte eine Haftstrafe im Wiener Neustädter Gefängnis wegen schweren Betrugs antreten sollen. Doch Thomas P., der eine gültige Waffenbesitzkarte hat, taucht lieber unter.

Da er als suizidgefährdet gilt, fahnden Polizisten der Bad Vöslauer Inspektion nach ihm. In der Nähe eines Bahnübergangs stößt eine Polizeistreife in einem Waldstück auf den Lebensmüden. Er gibt sich als „Herr Maier“ aus.

Schusssichere Monturen als Pflichtausstattung:

Schutzwesten und Helme künftig in allen Polizeiautos

Zwei schusssichere Schutzwesten und kugelsichere Helme in jedem Streifenwagen! Damit sollen in Zukunft alle Polizeiautos ausgestattet werden, damit sich unsere Beamten bei gefährlichen Einsätzen besser schützen können – 19 Millionen Euro für verbesserte Sicherheit!

Klobige Schutzwesten werden aber nur selten getragen. ▶

Konkret soll die Summe in 6000 neue kugelsichere Westen, ballistische Helme sowie 2200 Polizei-Overalls investiert werden. Zudem werden in Traiskirchen, im Waldviertel (NÖ) sowie in der Steiermark drei neue Schießtrainingsanlagen gebaut. „Diese Investition bedeutet den Startschuss für die Streifendienst-Offensive“, so Innenministerin Maria Fekter. Konstruktive Kritik kommt vom freiheitlichen Personalvertreter Werner Herbert von der AUF. Seine Forderung: „Keine klobigen XXL-, sondern leichte Sicherheitswesten, denn ritterrüstungsähnliche Gilets werden nicht verwendet.“

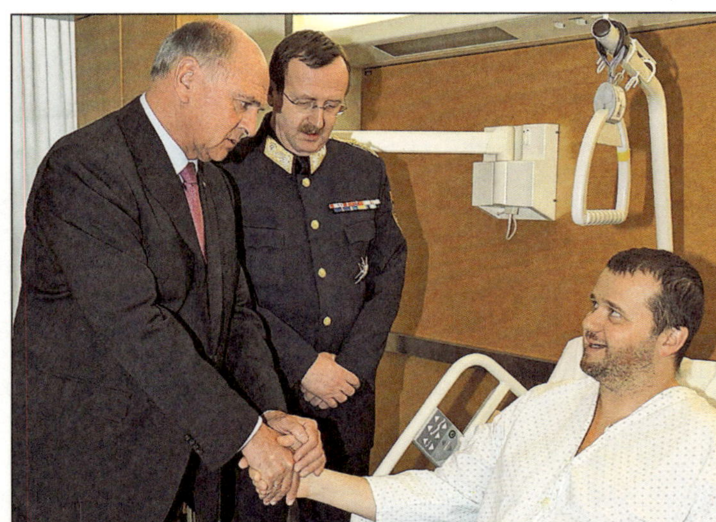

▲ Landeshauptmann Pröll und Sicherheitsdirektor Prucher besuchen den angeschossenen Polizisten Manfred W. im Spital.

◀ Das Funkgerät wurde dem Familienvater zum Lebensretter.

Fatales Fahndungsende: Schütze feuert auf Beamte und richtet sich danach selbst

Kontrolle im Wald!

Doch als die Uniformierten, die keine Schutzwesten tragen, den Mann mit auf die Polizeiinspektion nehmen wollen, eröffnet dieser ohne jede Vorwarnung das Feuer. Obwohl mehrfach getroffen, erwidern Manfred W. und Andreas Hasler (26) den Angriff. Während sich der getroffene Amokschütze mit einem Kopfschuss richtet, liegen die beiden Polizisten schwer verletzt am Boden. Mit Signalschüssen wollen sie Helfer auf ihre Lage aufmerksam machen.

Trotz bestmöglicher Hilfe erliegt der jüngere der beiden am nächsten Tag im Spital seinen Verletzungen. Sein Kamerad Manfred überlebt – und begeht im Krankenhaus seinen 39. Geburtstag. „Das Funkgerät, das in seiner Jackentasche steckte, war zum Lebensretter geworden. Denn die Kugel, die sein Herz zerfetzt hätte, blieb in der Tastatur stecken“, so Oberst Ernst Schuch vom Landeskriminalamt Niederösterreich.

Wie sich später zeigt, litt der Amokschütze, der auch als Soldat im Kosovo diente, an einem posttraumatischen Kriegsschock.

Berührender Abschied: Kollegen tragen den erschossenen Polizisten Andreas Hasler (kl. Bd.) zu Grabe.

„Mama Africa“ zeigt uns bei Auftritten in ganz Österreich die akrobatischen Wunder ihrer Heimat. Die quirlige Dame nimmt die Zuseher in der gleichnamigen Show mit auf eine ungewöhnliche Safari. Farbenfrohe Kostüme passen zu den Tanzeinlagen.

Strauß-Noten wieder zurück in Österreich

Die Kunstszene atmet auf: Die vor vier Jahren gestohlenen und später in einem deutschen Auktionshaus aufgetauchten Strauß-Noten zum unvollendeten Ballett „Aschenbrödel“ sind endlich wieder in Österreich: Experten holten die Komposition zurück! Wer der dreiste Kunstdieb war, bleibt aber ein Rätsel.

Lottomillionär kauft Firma seines Chefs

Mit seinem Lotto-Gewinn von zehn Millionen Euro kauft ein französischer Lkw-Fahrer aus der Normandie die vor dem Bankrott stehende Firma seines Arbeitgebers. Er verhindert, dass seine 13 Kollegen den Job verlieren, und stellt sogar den Chef an, „weil ihm dieser leidtut“. Der Millionär selbst bleibt Fernfahrer!

Krone-Chronik Februar 2011

- Ein Ex-Türsteher ersticht in einem Lokal in Wels (OÖ) den Gastwirt Jack Bögl (38), der einen Streit schlichten wollte. Fünf Tage später erhängt sich der 45-jährige Mörder, Peter Heizinger, in einer Zelle in der Justizanstalt Wels.
- Der traditionsreiche Ski-Erzeuger Kneissl muss Insolvenz anmelden. Grund: Die vom Eigentümer Scheich al Jaber zugesagte Kapitalspritze von 1,2 Millionen Euro kam nie. Die Gruppe ist mit 12 Millionen Euro verschuldet, 28 Leute sind betroffen.
- Rangwechsel bei den Verkäufen von Smartphones: Apples iPhone überholt erstmals den kanadischen Konkurrenten BlackBerry.

Licht und Schatten bei den alpinen sowie nordischen Titelkämpfen ● Ski-Herren

WM-Jubel um unsere Adler und

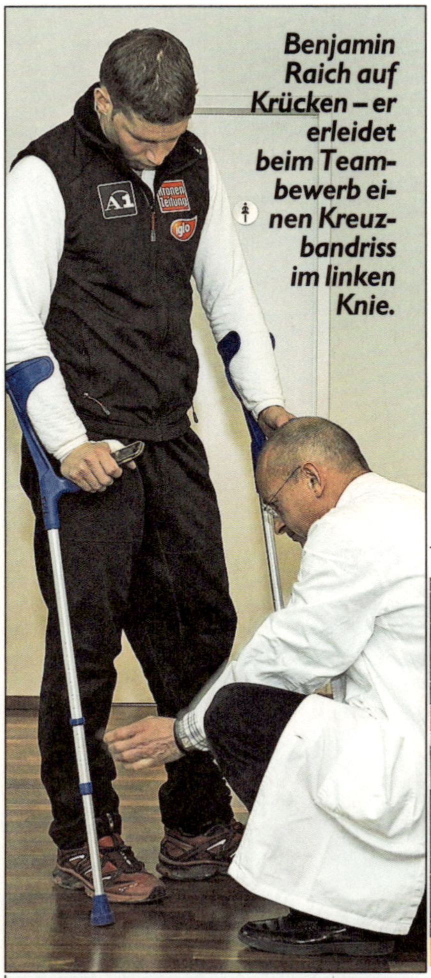

Benjamin Raich auf Krücken – er erleidet beim Teambewerb einen Kreuzbandriss im linken Knie.

Zielsprint: Mario Stecher (re.) – mit ihm jubelt Thomas Gottwald (kl. Bild) bei seiner letzten WM.

Österreich bleibt im Wintersport die Nummer 1! Unsere Sportstars räumen bei den Titelkämpfen in Deutschland und Norwegen voll ab. Während bei der nordischen WM in Oslo die Adler und Kombinierer Sportfans daheim jubeln lassen, glänzen die „Golden Girls" bei der alpinen Weltmeisterschaft. Doch es gibt auch Schatten: Die Ski-Herren gehen am Stock!

Tatsächlich ist die Verletzungsserie im heurigen Winter schon fast unheimlich: Hans Grugger schwebt nach einem Horror-Sturz im Training für die berüchtigte Streif in Kitzbühel sogar kurz in Lebensgefahr, Mario Scheiber, Georg Streitberger und auch Marcel Hirscher verletzten sich ebenfalls vor Garmisch. Während der WM in Deutschland fällt dann auch noch Hoffnungsträger Benjamin Raich aus.

Dafür greifen aber vor den Augen der „Krone"-Sportexperten Robert Sommer, Peter Frauneder und Georg Fraisl die neuen „Golden Girls" voll an. Unsere Damen stehen viermal ganz oben – die bei der Eröffnungsfeier stimmgewaltige Elisabeth Görgl glänzt sogar als Doppelsiegerin. Dem nicht nachstehen wollen da die Skispringer und Kombinierer. Auch die „Krone"-Redakteure Norbert Niederacher und Max Mahdalik freuen sich über sieben Goldmedaillen mit.

Skisprung-Gesamtweltcupsieger Thomas Morgenstern macht auch in Oslo Freudensprünge.

gehen sprichwörtlich am Stock – aber:

„Golden Girls“

▲ *Daniela Iraschko gewinnt das Damen-Springen und darf sich über Gratulationen von Norwegens König Harald V. freuen. „Goldkehlchen“ Elisabeth Görgl (re. oben) triumphiert als Doppel-Weltmeisterin.*

Medaillenspiegel von Oslo

Endstand nach 21 Entscheidungen

	G	S	B
1. Norwegen	8	6	6
2. **Österreich**	7	2	1
3. Schweden	2	2	1
4. Deutschland	1	4	3
5. Finnland	1	1	2
6. Frankreich	1	0	1
7. Kanada	1	0	0
8. Polen	0	2	2
Russland	0	2	2
10. Italien	0	2	0
11. Slowenien	0	0	2
12. Schweiz	0	0	1

Medaillenspiegel Ski-WM

	G	S	B
1. **Österreich**	4	3	1
2. Frankreich	2	1	1
3. Italien	1	2	3
4. USA	1	2	0
5. Slowenien	1	1	0
6. Kanada	1	0	0
Norwegen	1	0	0
8. Schweden	0	1	3
9. Schweiz	0	1	0
10. Deutschland	0	0	2
11. Kroatien	0	0	1

▲ *Unsere „Golden Girls“: Marlies Schild (rechts) triumphiert im WM-Slalom vor Landsfrau Kathrin Zettel. Und Anna Fenninger holt sich Gold in der Kombination.* ▶

Bizarre Show: Lady Gaga schlüpft aus dem Cyber-Ei. Gewinner des Abends ist auch Bruno Mars mit einem Grammy als bester Popsänger.

Exzentrischer Auftritt der dreifachen Musikpreis-Gewinnerin

Grammy Awards: Lady Gaga schlüpft aus dem Cyber-Ei!

Nach dem Aufreger um ihr (echtes) Fleischkleid bei den MTV Music Awards stiehlt die exzentrische Lady Gaga auch bei der Grammy-Verleihung allen die Show: Die Sängerin lässt sich von einer halb nackten Sklaven-Garde in einem Cyber-Ei über den roten Teppich tragen – und holt sich drei Musikpreise.

Eine Auszeichnung bei der Gala in Los Angeles zu ergattern, gilt bei allen Branchengrößen mit als Karrierehöhepunkt. Und Lady Gaga hat schon einige Trophäen daheim stehen. Während die Diva diesmal (so wie Rapper Jay-Z) drei Grammys – unter anderem als beste Popsängerin für den Hit „Bad Romance“ und für das beste Album „The Fame Monster“ – abräumt, ist der größte Gewinner des Abends aber die amerikanische Countryband Lady Antebellum aus der US-Musikstadt Nashville mit gleich fünf Musikpreisen. Geehrt wird auch Aretha Franklin für ihr Lebenswerk. Die krebskranke Sängerin bedankt sich in einer beeindruckenden Videobotschaft.

Beste Newcomerin: der 27-jährigen Esperanza Spalding liegt Jazz im Blut. Schon mit fünf Jahren lernte sie ein Instrument.

***Ausgesetzt** in Pappschachteln wurden 39 entzückende Perserkatzen von herzlosen und amtsbekannten Tierquälern im niederösterreichischen Weinviertel. Einer der hilflos in der Kälte zurückgelassenen Vierbeiner wird von seinen Artgenossen erdrückt. Die herzigen Stubentiger finden im Samtpfoten-Asyl der „Krone“ Zuflucht. Tierecken-Lady Maggie Entenfellner (Mitte) empört: „Die Tierarztkosten kommen auf 9000 Euro und müssen aus Spendengeldern finanziert werden.“*

Augenzeugen in der Hölle von Kairo:

„Ganz Ägypten wie im Krieg!"

7 SEITEN BILDBERICHT

● Schüsse und Straßenschlachten

● Tausende Österreicher in Gefahr

Samstag, 29. Jänner 2011 / Nr. 18.229, €1,–

Kronen Zeitung

Abend-ausgabe

UNABHÄNGIG

www.krone.at

Wien 19, Muthgasse 2, ☎ 01/36 011-0

ABO-SERVICE: ☎ 05 7060-600

Studie: Wir lesen viel oder gar nicht

Wien. – Eine Studie zum Leseverhalten der Österreicher belegt: Frauen haben die Nase vorn. Und: Wir lesen zehn Bücher pro Jahr und mehr – oder gar nicht (S. 14).

SPORT

Kampfjet vom Himmel geholt

Die Welt im Krieg mit Libyens Gadafi

5 SEITEN BILDBERICHTE

Sonntag, 20. März 2011 / Nr. 18.279, €1,–

Wien Krone

Kronen Zeitung

UNABHÄNGIG

www.krone.at

Muthgasse 2, ☎ 01/36 011-0

SERVICE: ☎ 05 7060-600

Beginn der internationalen Luftschläge wurde in der unter starkem Artilleriefeuer liegenden Rebellen-Hochburg Bengasi ein libyscher Kampfjet abgeschossen.

Ägypten: Auch USA lassen Mubarak fallen

Millionen gegen den Diktator

Mohamed Hosni Mubarak ▸

BERICHT SEITEN 2/3

Mittwoch, 2. Februar 2011 / Nr. 18.233, €1,–

Wien Krone

Kronen Zeitung

UNABHÄNGIG

www.krone.at

Wien 19, Muthgasse 2, ☎ 01/36 011-0

ABO-SERVICE: ☎ 05 7060-600

Foto: AP

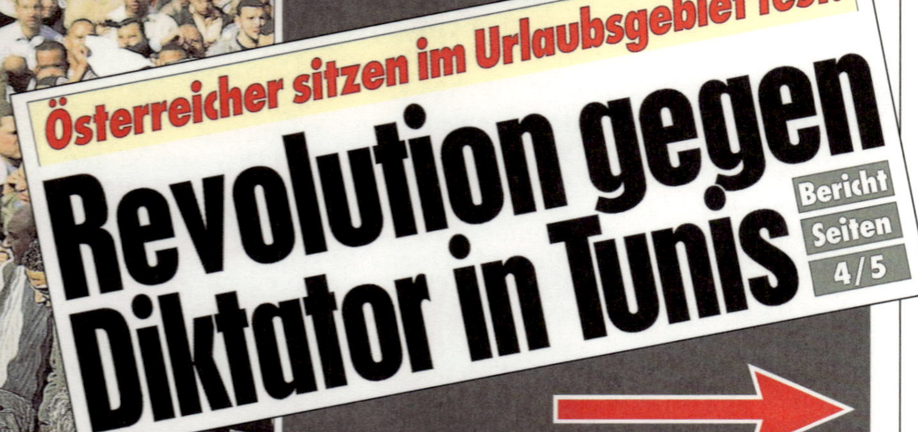

Österreicher sitzen im Urlaubsgebiet fest:

Revolution gegen Diktator in Tunis

Bericht Seiten 4/5

ZEITENWENDE für die mit eiserner Hand teils schon seit Jahrzehnten regierenden Herrscher in Nordafrika. Eine Revolution, angeführt von Frauen und der „Facebook"-Generation, fegt über die Diktatoren hinweg. Der Aufstand einer großteils perspektivlosen Jugend erfasst wie bei einem Flächenbrand nach und nach Tunesien, Ägypten, Libyen sowie andere Länder.

Das Land brennt – vor allem die Jugend geht wegen Korruption und Arbeitslosigkeit wütend auf die Straße. ▼

Ben Alis Ende nach

● Selbstverbrennung lässt den Volkszorn in Tunesien explodieren ● Die Nationalblume Jasmin wird zum Symbol der Massenproteste

Der als „Jasminrevolution" bekannt gewordene Aufstand der jungen Generation in der arabischen Welt erfasst zuerst Tunesien. Nach wochenlangen Massenprotesten – der Volkszorn entlädt sich nach der Selbstverbrennung eines Gemüsehändlers– flieht Diktator Zine el-Abidine Ben Ali ins Exil nach Saudi-Arabien.

Vor 23 Jahren durch einen Putsch selbst an die Macht gekommen, regiert Ben Ali das beliebte Urlaubsland mit autokratisch und korrupter Hand. Während sich der Präsidenten-Clan ungeheuren Reichtum anhäuft, beuteln hohe Lebensmittelpreise und Energiepreise sowie schlechte Zukunftschancen – trotz oft guter Ausbildung – für die junge Generation das Land. Als sich Gemüsehändler Mohamed Bouazizi aus Verzweiflung selbst verbrennt, breitet sich der Aufstand wie ein Lauffeuer sehr rasch über das ganze Land aus. Auch österreichische Touristen verlassen fluchtartig das Land, die Polizei tötet Dutzende Menschen.

Doch am Ende siegt das Volk: Der Diktator flieht samt Ehefrau und Familie

Aufstand weitet sich in arabischer Welt aus

Jemen, Bahrain, Syrien: „Nieder mit Diktatoren"

Der Ruf „Nieder mit den Diktatoren" erfasst andere Länder. Im Königreich Bahrain marschiert die Armee von Nachbar Saudi-Arabien ein, Syriens Assad und Jemens Saleh antworten mit Gewalt gegen ihr eigenes Volk.

Der Funke aus Tunesien springt rasch auf weitere Staaten über. Doch Diktatoren wie Syriens Baschar al-Assad oder Jemens Ali Abdullah Saleh wollen sich dem Druck der Straße vorerst nicht beugen. Und antworten immer mit Gewalt gegen ihr eigenes Volk. Besonders in Syrien kommt es zu einem Blutbad. Hunderte friedliche Demonstranten werden bei den Protesten von Heckenschützen der Regierung erschossen.

Und um die Herrscherfamilie des Königreichs Bahrain zu schützen, aber auch Proteste im eigenen Land im Keim zu ersticken, marschiert sogar der mächtige Nachbar Saudi-Arabien mit seiner Armee ein.

Doch das Ende weiterer Diktatoren in der arabischen Welt scheint nur eine Frage der Zeit . . .

Protestplakat gegen die Diktatoren der arabischen Welt

23 Jahren an der Macht!

◄ In einem Geheimversteck hinter einer Bücherwand in einem der prunkvollen Paläste von Ben Ali und seiner Ehefrau Leila findet sich ein Milliardenschatz an Bargeld in verschiedenen Währungen und Schmuck. Der verhasste Präsidenten-Clan hat im Laufe der Jahre ungeheuren Reichtum angehäuft.

mit einem Privatjet ins Exil nach Saudi-Arabien. Dort erleidet er später einen Schlaganfall und ringt mit dem Tod.

In den Wirren samt politischen Umwälzungen gibt es auch noch wochenlang nach dem Sturz Ben Alis immer wieder Proteste gegen „alte" Minister in der Übergangsregierung. Der Tourismus als Haupteinnahmequelle bricht in der Folge dramatisch ein, es kommt zu einer Massenflucht von Tunesiern nach Europa.

Brennpunkt Bahrain: Der Formel-1-Grand-Prix wird abgesagt, Saudi-Arabiens Armee marschiert ein.

Der aufgestaute Volkszorn entlädt sich auch in gewalttätigen Protesten.

Glückliche Urlauber-Heimkehr nach Österreich

Auch Ägyptens Mubarak

● Fast 30 Jahre an der Macht, tritt Langzeit-Diktator doch zurück
● Nach Flucht in Badeort werden Staatschef und Söhne verhaftet
● Bundesheer fliegt Urlauber mit Hercules nach Österreich aus

◄ Friedliche Demonstranten bilden Menschenketten vor den Panzern des ägyptischen Militärs.

Gregor ► Brandl und Klemens Groh berichten für die „Krone" hautnah vom Aufstand in Ägypten. Im Hintergrund sind die Massen auf dem Platz der Freiheit in Kairo zu sehen.

Der nächste Langzeit-Diktator in der arabischen Welt wird vom eigenen Volk gestürzt! Das Schicksal von Ägyptens Hosni Mubarak entscheidet sich nach fast 30 Jahren an der Macht auf dem Platz der Freiheit in der Hauptstadt Kairo. Nach dem Rücktritt werden Mubarak und seine Söhne wegen Korruption verhaftet.

Mittendrin in den teils hochexplosiven und blutigen Revolutionswirren im – so wie Tunesien – ebenfalls beliebten Urlaubsland der Österreicher ist auch das „Krone"-Reporterteam Gregor Brandl und Klemens Groh. Tagelang berichten sie vom „Tahrir"-Platz von dem Aufstand, angeführt von der jugendlichen Facebook-Generation und auch Frauen. Der Platz der Freiheit wird zum Symbol des Aufstandes gegen den verhassten Dikta-

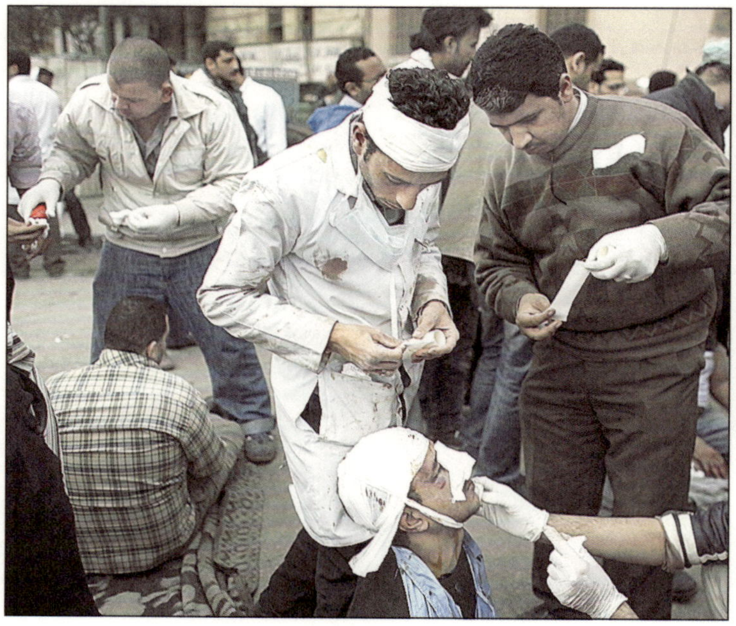

◄ Von Mubaraks bezahlten Schergen verletzte Demonstranten werden auf dem „Tahrir"-Platz durch sich freiwillig meldende Ärzte versorgt.

▲ Oft zu sehen: mutige, moderne junge Frauen in den ersten Reihen der wie ein Flächenbrand sich ausweitenden Demokratiebewegung.

stürzt über den Volkszorn

tor. Obwohl von Mubarak bezahlte Schlägertrupps auf Kamelen Jagd auf friedliche Demonstranten machen, kann er sein eigenes Ende nicht verhindern. Denn das starke Militär bleibt diesmal neutral. Auffahrende Panzer und Soldaten bewachen sogar die Massenproteste.

Schließlich flüchtet der Langzeitdiktator vor dem Volkszorn in seine Villa in den bekannten Touristen-Badeort Sharm el Sheikh. Doch die endlich befreite Justiz eröffnet ein Ermittlungsverfahren wegen Korruption. Der 83-Jährige und seine beiden Söhne werden wegen Korruption verhaftet, Hosni Mubarak erleidet daraufhin einen Herzinfarkt, bleibt aber in Arrest.

▲ *Beeindruckendes Bild der Menschenmassen auf dem Platz der Freiheit, dem Revolutions-Symbol.*

◄ *Hat kein Ohr mehr für den mittlerweile 83-jährigen Hosni Mubarak: US-Präsident Barack Obama.*

▲ *Auch Syriens Diktator Bashar al-Assad gerät international immer mehr in die Isolation.*

Proteste gegen Langzeit-Diktator in Österreich

◄ *Österreichische Urlauber werden von einer Bundesheer-Hercules in Sicherheit gebracht.*

Gadafi im Visier:

● Massaker an Aufständischen
● Hunderttausende Flüchtlinge
● „Kriegsresolution" der UNO

◄ Will trotz internationalen Haftbefehls wegen Verbrechen gegen die Menschlichkeit nicht weichen: Diktator Gadafi.

Durch den UN-Kriegseinsatz und der Freigabe eingefrorener Diktator-Gelder für die Rebellen sind die Aufständischen langsam auf dem Vormarsch.

Der Flächenbrand in der arabischen Welt erfasst auch das ölreiche Libyen. Nachdem Söldner von Revolutionsführer Muammar al-Gadafi belagerte Rebellenstädte unter Dauerbeschuss nehmen, greift die NATO „zum Schutz der Zivilbevölkerung" ein. Das Militärbündnis erklärt dem Diktator den Krieg. Im Raketenhagel militärische Ziele – und der Herrscher-Clan. Einer von Gadafis Söhnen wird bei einem Angriff getötet.

„Selbst durch einen Militärputsch vor 32 Jahren an die Macht gekommen, regiert der 69-jährige Beduinensohn das Land mit eiserner Faust", analysiert „Krone"-Außenpolitikexperte Christian Hauenstein. Um die vielen Stämme ruhig zu halten, fließt zudem massenhaft Geld. Der exzen-

Drei von acht Gadafi-Kindern: Saif stirbt bei einem NATO-Angriff, Khamis und Wien-Student Seif (v. li.)

Kronen Zeitung UNABHÄNGIG

NATO-Raketen auf Libyen

trische Gadafi – er reist in Fantasieuniformen oder als „Wüstensohn" zu Staatsbesuchen, hat immer sein eigenes Zelt dabei – kann es sich locker leisten: er hat einen sagenhaften Milliardenschatz angehäuft und auf ausländischen Konten in vielen Ländern verteilt.

Noch bis kurz vor dem Aufstand gegen den libyschen Revolutionsführer im eigenen Land ist der einst durch das Lockerbie-Flugzeugattentat als Terrorist geächtete Diktator (er kaufte sich von der Isolation praktisch frei) ein gern gesehener und hofierter Gast von Präsidenten und Staatschefs weltweit.

Doch nach der Flucht Hunderttausender und dem Massaker an der Zivilbevölkerung in den belagerten Rebellenstädten – Gadafis afrikanische Söldner stürmen sogar Krankenhäuser und erschießen Verletzte – ringt sich die Staatengemeinschaft in einer UN-Resolution doch zu einem grünen Licht für einen Angriff durch. Nach einem kurzen Kriegseinsatz legen die USA die Führung in die Hände des NATO-Militärbündnisses.

Nach wochenlangem Raketenhagel auf die Truppen des Diktators, aber auch seine Prunk-Residenzen in und um Libyens Hauptstadt Tripolis, rückt Gadafis Ende immer näher . . .

▲ Eine Explosion zerreißt ein Militärfahrzeug von Gadafis Söldnern. Der Bombenhagel durch Kampfjets (o.) und Raketenabschüsse von Flugzeugträgern (re.) zermürben die Truppen des Diktators. ▼

Berliner Zoo-Liebling gestorben: Die Welt trauert um Eisbär Knut

Knopfaugen, schneeweißes Fell und dieser Teddybärenblick: Das von seiner Mutter verstoßene und vom – verstorbenen – Tierpfleger Thomas Dörflein (Foto) liebevoll mit Flasche aufgezogene Eisbärenbaby Knut aus dem Berliner Zoo ist Publikumsmagnet für Hunderttausende Fans aus aller Welt. Jetzt der Schock: nicht einmal fünf Jahre alt, stirbt Knut an einer Gehirninfektion.

Ex-Innenminister legt EU-Mandat zurück ● Korruptionsstaatsanwalt ermittelt:

„Lobbygate"-Affäre um Strasser

Jetzt steckt auch Ex-Innenminister Ernst Strasser tief im Korruptionssumpf! Ausgerechnet der frühere oberste Polizist wird von britischen Reportern beim Plaudern über Zahlungen von Lobbyisten – angeblich für entsprechende Gesetze im Brüsseler Parlament – mitgefilmt (siehe unten). Nach dem Rücktritt als EU-Parlamentarier und dem damit verbundenen Wegfall der Immunität reagiert die Korruptionsstaatsanwaltschaft in Wien rasch: Es folgen Hausdurchsuchungen und auch Kontenöffnungen.

Die Videoaufnahmen werfen tatsächlich kein gutes Licht auf den EU-Politiker Ernst Strasser. In schlechtem Englisch spricht der ehemalige Ex-Innenminister mit den zwei als neue „Kunden" getarnten britischen Enthüllungsjournalisten ganz unverblümt über seine Geldgeber. So habe er schon fünf Klienten, die jährlich 100.000 Euro zahlen würden. Natürlich nicht ohne Gegenleistung.

Als die „Lobbygate"-Affäre auffliegt, ist seine Verantwortung folgendermaßen: Er habe mitgespielt, um die vorgeblichen Lobbyisten bei der österreichischen Staatspolizei nach einem erhaltenen Vertragsentwurf anzuzeigen. „Terminliche Gründe" hätten das jedoch verhindert.

Die Korruptionsstaatsanwaltschaft nimmt jedenfalls die Ermittlungen auf.

15-jähriger Killer tötet für 230 Euro

Schockierende Bluttat in London. Für 230 Euro tötet ein 15-Jähriger die junge Mutter Gulistan Sabasi (26). Beauftragt wird der Jugendliche vom gebürtigen Türken Serdar Ozbek. Motiv: Die von ihm getrennt lebende Ehefrau hatte gedroht, ihm den Sohn (9) wegzunehmen.

Krone-Chronik März 2011

● Um mit einer Tapferkeitsmedaille geehrt zu werden, schießt sich ein Polizist im indischen Rajasthan selbst an. Er wird festgenommen und kommt vor Gericht.

● Nach einem aufsehenerregenden Doppelmord an zwei kleinen Mädchen (8 und 11 Jahre alt) im bayerischen Krailing wird der Onkel der beiden Schwestern als Tatverdächtiger verhaftet. Ein Erbstreit mit der Mutter der Kinder gilt als Motiv.

● Ein böses Ende nimmt eine Trauung im US-Staat Arizona: Weil die frisch angetraute Braut eine Schlägerei anzettelt und die alarmierten Polizisten attackiert, wird die 28-Jährige in Handschellen abgeführt.

● Wirbel um das Hilfsprojekt von Pop-Star Madonna im afrikanischen Malawi. Für eine geplante Mädchenschule in der Heimat ihrer beiden Adoptivkinder versickern knapp vier Millionen Dollar. Die 52-jährige Sängerin ist „frustriert".

Krank in die Arbeit schadet auch Firma

„Präsentismus" schadet: Wer sich aus überhöhtem Pflicht- und Verantwortungsgefühl angeschlagen und krank an seinen Arbeitsplatz schleppt, tut weder sich noch den Kollegen und der Firma etwas Gutes – das zeigt die Analyse von 285 Studien für die deutsche Bundesanstalt für Arbeitsschutz und -medizin. Denn kranke Mitarbeiter sind weniger aufmerksam, ungenauer und unproduktiver.

So sexy kann Protest sein! *In Hollywood ziehen sich diese beiden Damen aus und laden anlässlich des Weltwassertages zu einer Dusche gegen den Verzehr von Fleisch. Laut Tierschutzorganisation PETA verbraucht die Produktion eines Steaks knapp 4000 Liter Wasser.*

Er will Bewachungsdetails bei Eishockey-Spiel veröffentlichen

Ex-Mitarbeiter als Erpresser: Schock für Milliardärin Horten

Brisanter Krimi um eine der reichsten Frauen Österreichs: Die milliardenschwere Kaufhaus-Witwe Heidi Horten wird erpresst! Ein früherer türkischstämmiger Sicherheitschef fordert in einem Schreiben Millionen. Das Luxus-Anwesen der 70-jährigen Wienerin am Wörthersee in Kärnten wird streng bewacht.

▲ *Heidi Hortens feudales Villen-Anwesen am Kärntner Wörthersee. Die 70-Jährige ist oft Gast bei Eishockey-Spielen.* ▶

Das Vermögen der Witwe von Kaufhausmogul Helmut Horten wird auf mehr als drei Milliarden Euro geschätzt. Nach und nach sickern Details des eher tollpatschigen Erpressungsversuches durch. Unter Verdacht steht ein früherer „Portier", der auch für die Sicherheit Heidi Hortens verantwortlich war. Er droht in dem Schreiben mit der Veröffentlichung angeblich geheimer Bewachungsmaßnahmen. „Krone"-Redakteur Christoph Budin zum abenteuerlichen Plan des inzwischen in seine Heimat ausgewanderten Türken: „Da die Kaufhaus-Witwe bekennender KAC-Fan und Ehrenpräsidentin ist, werde er in ihrer Anwesenheit brisante Details bei einem Eishockey-Spiel im Stadion öffentlich bekannt machen – auf einem entrollten Banner . . ."

Film-Ikone schließt im Alter von 79 Jahren für immer die Augen

Die letzte Diva Hollywoods ist tot: Elizabeth Taylor erliegt Herzleiden

Tiefe Trauer in der Filmwelt und bei Millionen Fans auf der ganzen Welt: Leinwand-Ikone Elizabeth Taylor ist tot! Die letzte große Hollywood-Diva erliegt mit 79 Jahren in einem Spital in Los Angeles einem Herzleiden. Neben ihrer Schauspielkunst machte Taylor auch immer wieder mit ihrem Privatleben von sich reden.

◄ *Er war ihre große Liebe: Mit Richard Burton war die Diva gleich zweimal verheiratet.*

Im Kreise ihrer vier Kinder schließt der Hollywood-Star im Krankenhaus für immer seine Augen. „Meine Mutter war eine besondere Frau, die das Leben in vollen zügen genossen hat – mit Leidenschaft, Humor, Liebe. Auch wenn ihr Verlust für uns schrecklich ist, wird ihr Einfluss uns ewig prägen", findet Sohn Michael Wilding berührende Worte.

Michael Jackson zählte zu ihren engsten Freunden.

Elizabeth Taylor galt als Film-Ikone. Sie drehte knapp 50 Filme, bekam zwei Oscars für ihre Rolle in „Telefon Butterfield 8" und „Wer hat Angst vor Virginia Woolf?". Ihre bekanntesten Filme waren „Die Katze auf dem heißen Blechdach", „Plötzlich im letzten Sommer" und „Cleopatra".

Aber auch abseits der Leinwand machte Hollywoods letzte Diva Schlagzeilen: Sie war achtmal verheiratet. In den Achzigerjahren zog sie sich dann zunehmend aus dem Filmgeschäft zurück und widmete sich karitativen Engagements. In den letzten Jahren vor ihrem Tod trat die im Rollstuhl sitzende Taylor nur noch ganz selten öffentlich auf.

Paukenschlag bei Prozess gegen Ex-Banker

Kulterer-Freispruch Schlag für „CSI Hypo"

Es ist ein Desaster für die Hypo-Jäger! Der erste Prozess um die Milliardenpleite der Kärntner Bank endet mit einem (noch nicht rechtskräftigen) glatten Freispruch für Ex-Bankchef Wolfgang Kulterer.

15 Monate Ermittlungen, Hunderttausende Aktenseiten – und alles für die Katz? Denn die Ex-Hypochefs Wolfgang Kulterer, Gert Xander und Albin Ruhdorfer erhalten zum Freispruch auch einen Freibrief, korrekt gearbeitet zu haben. Staatsanwalt Andreas Höbl („Entscheidung nicht nachvollziehbar") meldet Nichtigkeit an, jetzt sind die Höchstrichter am Zug.

Hat vor Gericht leicht lachen: „Mr. Hypo" Wolfgang Kulterer wird freigesprochen.

Rotweißrotes Team gewinnt den Wettlauf zum Südpol!

DIE KÄLTE-SCHLACHT ist geschlagen! Das österreichische Südpol-Team mit Ö3-Mikromann Tom Walek, Soldatin Sabrina Grillitsch, Ex-Skistar Hermann Maier und – dem mit Erfrierungen ausgeschiedenen – Alex Serdjukov (im Bild v. li. n. re.) erreicht drei Tage vor Neujahr als Erstes das Ziel. Mit stolzen 46 Stunden Vorsprung auf die deutsche Mannschaft. Das Ergebnis wird aber von den beiden kooperierenden Fernsehanstalten ORF und ZDF bis zur Ausstrahlung der mehrteiligen Folgen im Februar und März wie ein Staatsgeheimnis gehütet. Die Mannschaften marschieren bei bis zu –35 Grad durch die Eiswüste.

13 Schüsse in Bezirkshauptmannschaft ● Hass auf Behörde

Amoklauf in Amt: Forstchef stirbt im Spital, Täter richtet sich selbst

Schüsse, Schreie und eine Sekretärin als Geisel: Dramatische Szenen bei einem Amoklauf in der Bezirkshauptmannschaft in Klosterneuburg (NÖ)! Wegen zwei Verfahren feuert Pferdenarr Alfred Fuchs wild um sich. Der getroffene Forstchef stirbt im Spital, der Amokschütze jagt sich selbst eine Kugel in den Kopf.

Amokläufer Alfred Fuchs

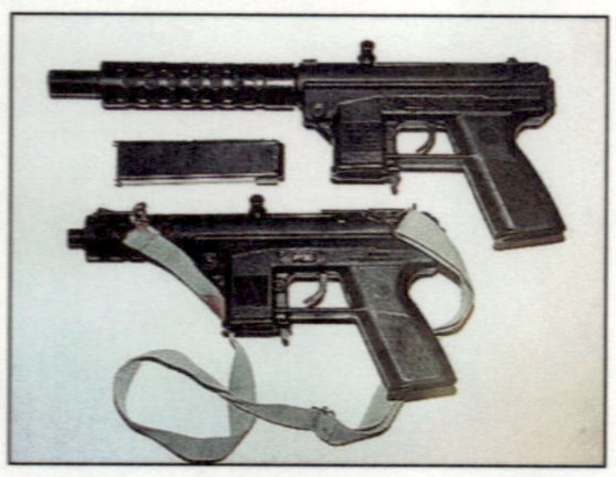

▲ *13 Schuss Munition sind noch in den Waffen des Täters. Cobra-Elitepolizisten schleichen sich über eine Leiter ins* ◀ *Amt.*

„Gegen 13.30 Uhr bricht im Amt die Hölle los", berichten die „Krone"-Redakteure Doris Vettermann und Christoph Weisgram. Mit zwei aus den USA geschmuggelten 9-mm-Pistolen gibt Alfred Fuchs – er hat weder einen Waffenschein noch eine Besitzkarte – 13 Schüsse ab. Im Visier des Amokläufers wegen Rechtsstreitigkeiten und der anstehenden Versteigerung seiner geliebten Pferde: die Forstabteilung. Chef Alexander Mayer wird mehrmals getroffen, Tage später stirbt er im Krankenhaus.

Als die Cobra bei einer Zigaretten-Übergabe die von Fuchs als Geisel genommene Sekretärin (52) befreit, jagt sich der Amokläufer Sekunden später selbst eine Kugel in den Kopf. Auf der Todesliste des 59-Jährigen standen noch der Amtstierarzt sowie Förster Martin A., der sich stundenlang im Nebenraum versteckt hielt . . .

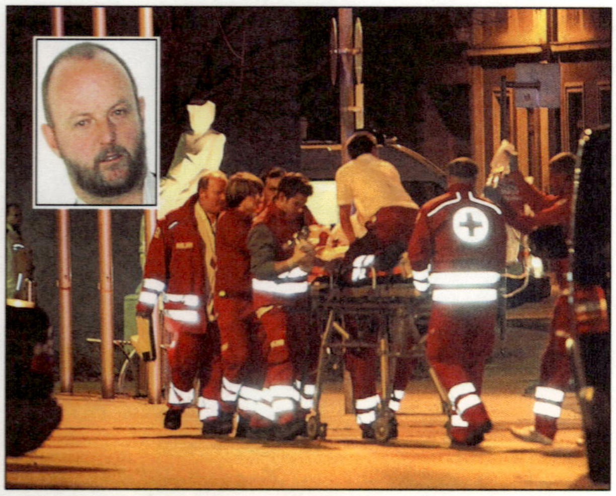

▲ *Sanitäter kämpfen vergeblich um das Leben des Amokläufers. Auch Forstchef Alexander Mayer (kl. Bild) stirbt.*

Neue Sozial-Debatte:

1300 Euro für alle als Mindestlohn?

Mit ihrem Vorschlag eines generellen Mindestlohns von 1300 Euro brutto im Monat löst Frauenministerin Heinisch-Hosek eine umstrittene Sozial-Debatte aus. Die Wirtschaftskammer ist beispielsweise strikt dagegen. Lohnabschlüsse seien eine Frage der Sozialpartner. Mit dieser populistischen Forderung gefährde man Arbeitsplätze.

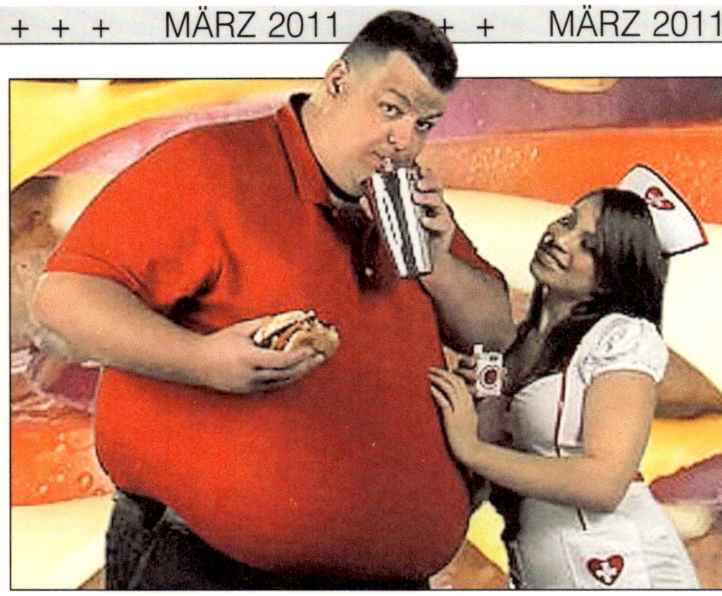

Als ***Fast-Food-Werbestar*** *stirbt Blair River mit nur 29 Jahren – er war 214 Kilo schwer. Das seinen Inseraten zufolge ungesündeste Fast-Food-Restaurant der Welt bietet Kunden, die mehr als 160 Kilo auf die Waage bringen, Gratisessen an. „Taste worth dying for" – ein Geschmack, für den es sich lohnt zu sterben. Auch nach dem Tod seiner Galionsfigur wirbt der „Heart Attack Grill" in Phoenix im US-Staat Arizona weiter mit dem Slogan.*

Ein Fan *des britischen Königshauses ist Mia. Deshalb hat sich das Model Urlaub genommen, um am 29. April bei der Hochzeit von William und seiner Kate in London dabei sein zu können. „Keine Angst, da werde ich etwas mehr anhaben als auf diesem Foto", verspricht sie. Mia ist eine von Tausenden Europäern, die live bei der Hochzeit des Jahres dabei sein wollen.*

Seitensprünge: Jeder dritte Senior geht bereits fremd!

Österreichs Pensionisten sind sexuell so aktiv wie nie zuvor – das belegt eine neue Studie: Bereits jeder dritte Senior wagt auch schon einmal einen Seitensprung. Aber ab 50 zählt nicht mehr die schnelle Befriedigung.

„Es geht um andere Werte, wie etwa Zärtlichkeit", erklärt der Wiener Psychiater Dr. Alexander Bernhaut. Da sich die Alterspyramide geändert hat, gib es auch viel mehr Senioren als früher, und die wollen auch nicht mehr zum alten Eisen gehören, sondern fahren auf Urlaub und machen Wellness. Somit sind sie auch im sexuellen Bereich fitter.

Zudem wird das Fremdgehen in diversen Hollywood-Filmen thematisiert und damit auch für die ältere Generation enttabuisiert. Und: Bei der Erotik der Älteren fallen Druck und Stress weg.

Die strahlend weißen Lipizzaner, *ihr wunderschönes Gestüt in Piber in der Steiermark – sie sollen bald Weltkulturerbe werden. Denn die UNESCO hat das Gesamtensemble aus Pferden und prächtigen Stallungen jetzt in die engere Wahl für diese große Auszeichnung aufgenommen.*

Ex-Rechnungshof-Chef Franz Fiedler klagt an:

„Korruption bei der Justiz"

Der Skandal um den Datenverkauf durch 23 verdächtige Justizbeamte, die bis zu 1000 Euro pro Monat kassiert haben sollen, schlägt Anfang März immer höhere Wellen. Von allen Seiten hagelt es Kritik. So spricht Ex-Rechnungshof-Chef Franz Fiedler von „groben Fehlern im Justizsystem", die seit Jahren ignoriert und geduldet werden. Laut Fiedler „ist unser Land korrupter als vielfach gesagt". Er fordert eine deutliche Personal-Aufstockung bei der Korruptions-Staatsanwaltschaft. Als „Transpareny"-Chef befürchtet er, „dass die Korruption System hat".

Siege für die Favoriten *bei der Oscar-Verleihung in Los Angeles. Die vier Darstellerpreise gehen wie bei den Golden Globes an (von links) Christian Bale („The Fighter"), Natalie Portman („Black Swan"), Melissa Leo („The Fighter") und Colin Firth, dessen Film „The King's Speech" über den stotternden englischen König George VI. zum großen Sieger des Abends wird. Der Streifen wird nämlich zusätzlich in den Kategorien „Bester Film", „Beste Regie" (Tom Hooper) und „Bestes Original-Drehbuch" ausgezeichnet.*

Die neue Forbes-Liste:

200 $-Milliardäre mehr als im Vorjahr

Knapp zwei Jahre nach der Finanzkrise ist die Zahl der Milliardäre auf einen Höchstwert von 1210 gestiegen. Das sind fast 200 Dollar-Milliardäre mehr als vor einem Jahr. Spitzenreiter ist wieder der mexikanische Telekom-Tycoon Carlos Slim Helú (71) mit einem Vermögen von 74 Milliarden Dollar. Auch Bill Gates bleibt mit 56 Milliarden Zweiter.

Westjordanland-Terror

Messer-Massaker an fünf Israelis

Fünf Mitglieder einer israelischen Siedlerfamilie werden im besetzten Westjordanland Opfer eines grausamen Palästinenser-Anschlages. Ein Terrorist dringt in die israelische Kolonialsiedlung ein und überrascht die Familie im Schlaf: Er ersticht zwei Kinder, ein Baby sowie den Vater und die Mutter mit einem riesigen Messer.

Polizei-Patrouillengrenzflug über Tiroler Achensee nimmt ein tragisches Ende:

Vier Tote bei Helikopter-Absturz

Bei einem Patrouillengrenzflug in Tirol kommt ein Polizeihubschrauber ins Trudeln: Der Eurocopter stürzt in den Achensee und versinkt binnen Sekunden! Alle vier Besatzungsmitglieder – drei Österreicher und ein Schweizer – kommen ums Leben. Erst nach zwei Wochen können das Wrack und die Toten geborgen werden.

„Der Hubschrauber kam im Tiefflug daher und hat eine Baumgruppe gestreift. Dann schlug er auf der Wasseroberfläche auf und sank augenblicklich", schildert Augenzeugin Angelika Maurer das Flugunglück.

„Trotz rascher Hilfe gibt es keine Rettung für die Insassen", so das „Krone"-Reporterteam Philipp Neuner und Andreas Moser. Stunden später wird die Leiche des Flugretters Stephan Lechner (38) auf dem Wasser treibend gefunden. Pilot Markus Pumpernick (41), Kollege Herbert Fürrutter (53) und ein Schweizer Beamter werden mit dem Wrack auf den Grund gezogen. Aus 104 Metern Tiefe werden die Wracktrümmer sowie die Leichen geborgen.

„Die Maschine war neuwertig und der Pilot erfahren", rätselt der Chef der Flugpolizei, Werner Senn, über die Unglücksursache.

▲ *Das Helikopterwrack wird geborgen. – Die vier Besatzungsmitglieder* ◀ *hatten keine Überlebenschance.*

Deutscher Heeresminister als „Lügenbaron" überführt

Weil er seine Dissertation von vorne bis hinten abgeschrieben hat, legt der deutsche Verteidigungsminister Karl-Theodor zu Guttenberg (CSU) nach 14 Tagen peinlichen Herumlavierens sein Amt zurück. Während die Union und Kanzlerin Merkel ihren Superstar verloren hat, jubelt die Opposition.

Gewerkschaft will, dass Lehrer künftig noch weniger arbeiten

Mit der Forderung einer Verkürzung der Lehrerarbeitszeit von 40 auf 38 Stunden hat die Lehrergewerkschaft eine neue, brisante Konfrontation mit der Regierung eröffnet. Begründet wird der Vorstoß vom Gewerkschafter Jürgen Rainer mit zunehmender „pädagogischer und administrativer Belastung" der Lehrer. Beamtenministerin Gabriele Heinisch-Hosek hingegen sieht in dem Vorstoß eine Provokation.

Kristalle, Perlen und ein „Rubyn". *Der Opernball anno 2011 präsentiert sich wie ein glitzernder Tanz der Edelsteine. 144 Debütantinnen mit funkelnden Swarovski-Kristallen überstrahlen selbst des Baumeisters glänzenden „Rubyn" alias Karima el-Mahroug. Wie ein Engel schwebt die Wahl-Italienerin, die als angeblich erotische Gespielin Berlusconis für weltweiten Medienwirbel sorgt, an Lugners Seite übers Parkett. Spaß am Ball der Bälle zeigen auch Erwin Schrott & Gattin Anna Netrebko (li.) sowie Weltstar Sir Bob Geldof (u.).*

Krone-Chronik März 2011

- Ein Schweizer (42) kommt im zugefrorenen Davoser See beim Streckenrekordversuch im Tauchen ohne Sauerstoff ums Leben.
- Dr. Martin Mautner Markhof (52), Agrarexperte aus der großen Handels-Dynastie, springt in den Wiener Donaukanal und rettet eine Frau vor dem Ertrinken.
- Das einstige Boxen-Luder Katie Price, das im Vorjahr auf dem Opernball für Erregung sorgte, gibt zu, dass sie mit ihrem Ex Alex Beid noch relgelmäßig Sex hat.
- Das Modehaus Dior feuert seinen langjährigen Star-Designer John Galliano, weil Video-Beweise für dessen antisemitische, rassistische Ausfälle auftauchen.
- Herwig Seeböck, Kabarettist, Schauspieler, Regisseur, Wiener Typ mit Herz und „Vater" berühmter Komiker wie Alfred Dorfer, Josef Hader, oder Roland Düringer, stirbt 71-jährig.
- In Bregenz (Vlbg.) wird der Türke Necmettin G. (50) wegen „Ehrenmordes" am Geliebten seiner Tochter zu lebenslanger Haft verurteilt.
- Österreichs Tennis-Asse kämpfen zwar bis zum Umfallen, doch das Daviscup-Team verliert 2:3 gegen Frankreich und muss in die Weltgruppen-Relegation.
- Papst Benedikt XVI. präsentiert im Vatikan sein neues Buch über „Jesus" – ein Bestseller mit einer Startauflage von 100.000 Stück.

„Coco“ schlug Alarm

Ein Papagei als großer Lebensretter

Papageien sind schlaue Tiere. So schlau, dass sie sogar zu Lebensrettern werden können, wie ein Fall im Salzburger Flachgau unter Beweis stellt. Dort weckte „Coco“ eine Familie, als es im Keller bereits lichterloh brannte.

Der prächtige Ara „Coco“ von Gottfried Sapper aus Hallwang ist ein wahres Multitalent. „Er kann ‚Servas‘ sagen und sogar wie eine Katze miauen“, erzählt Tochter Fiona (18) am Tag nach dem Brand, bei dem der 20 Jahre alte Papagei zum Lebensretter wurde.

Kurz nach zwei Uhr früh war im Keller des Einfamilienhauses Feuer ausgebrochen. „‚Coco‘ ist aus seinem Käfig im Wohnzimmer geflogen und hat so laut geschrien, dass mein Vater wach wurde“, so die 18-Jährige beim Gespräch mit Redakteur Gernot Huemer. „Er hat mich und meinen Freund aufgeweckt, weil er den Rauch bemerkt hat. Wir konnten uns in Sicherheit bringen und verdanken unserem lieben ‚Coco‘ unser Leben.“

Fiona mit dem Papagei, der sich als „Brandmelder“ bestens bewährt hat. ▼

„Discovery“ wird zum Museumsstück! *39 Missionen im Weltall in 27 Jahren sind genug: Die US-Raumfähre „Discovery“ wird nach ihrer letzten Reise ausrangiert, auseinandergenommen, von Ingenieuren genauestens begutachtet, wieder zusammengebaut und dann im Smithsonian-Institut in Washington D. C. als Museumsstück ausgestellt.*

Nach durchzechter Nacht im Rache-Rausch Messer gezückt:

Großvater beleidigt – im Zorn Freund mit 14 Stichen getötet!

Schockierender Messermord an einem 16-jährigen Schüler aus Pottendorf (Niederösterreich). Wie von Sinnen sticht ein nur ein Jahr älterer Moldawier nach einer gemeinsam durchzechten Nacht auf seinen Freund ein. Motiv des Verdächtigen: Der Jüngere hatte den Opa des Ausländers schwer beleidigt . . .

Als sie zum Clubbing in eine Scheune aufbrechen, sind Stefan und Georg noch ein Herz und eine Seele. Dann fließt Alkohol in Strömen. Auch Ecstasy-Tabletten sollen auf dem Fest in Unterwaltersdorf konsumiert worden sein. Als die Freunde frühmorgens den Großvater des Moldawiers besuchen, soll Stefan den Opa schwer beleidigt haben. Danach verlassen die beiden Burschen das Haus. Irgendwann eskaliert der Streit. Auf einem Feldweg bei Weigelsdorf debattieren sie erneut um die Familienehre und eine zertrümmerte Auslagenscheibe. Da zückt der Ältere ein Messer und rammt es seinem Opfer 14-mal in den Körper.

Nach der Bluttat spricht der Verdächtige von Notwehr. Eine Version, die beim Lokalaugenschein ins Wanken gerät: Ungerührt demonstriert Georg O. den Messermord anhand einer Puppe.

Zudem gibt es zwei makabre SMS, mit denen der Moldawier die Bluttat bereits zuvor angekündigt hat. Und die Obduktion ergibt: Schon der erste Stich ins Herz war absolut tödlich.

◄ *Stefan, 16-jähriges Opfer. Mit 14 Stichen von Freund Georg – bei der Verhaftung – getötet.* ▼

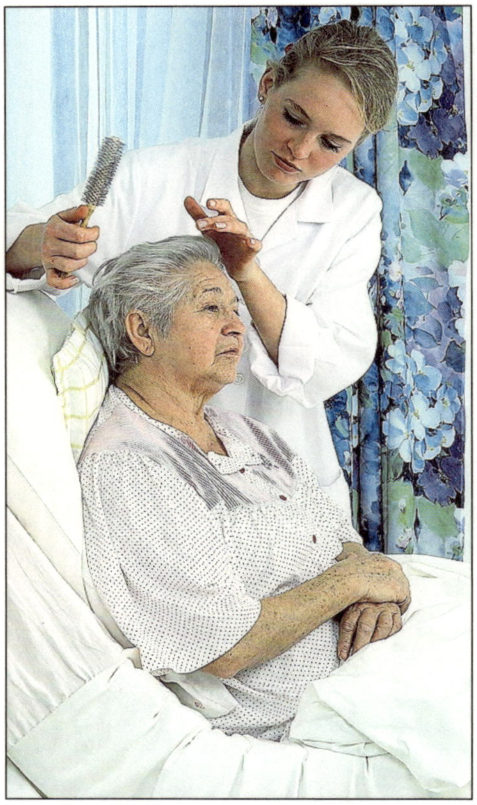

Immer mehr Menschen brauchen Pflege

Studie über Gesundheitssystem:

Ärzte & Schwestern völlig ausgebrannt!

Viel zu wenig Personal, Arbeitszeiten, die weit über die im Vertrag vereinbarten Stunden hinausgehen – das österreichische Gesundheitssystem steht vor dem Kollaps. Eine neue alarmierende Studie zeigt: Unsere Ärzte und Krankenschwestern sind völlig ausgebrannt!

Der Alltag in den Krankenhäusern bringt die Beschäftigten an den Rand ihrer Belastbarkeit. Ohne tägliche Überstunden wäre das System gar nicht mehr aufrechtzuerhalten, es herrscht akuter Personalmangel. Ein Viertel des Personals leidet unter emotionaler Erschöpfung, viele sind bereits völlig ausgebrannt. Das geht aus einer Studie der Gewerkschaft über das Gesundheitswesen hervor. „Die Arbeitsbedingungen und die resultierende Gefahr der Überbelastung sind für Beschäftigte und Patienten nicht länger tragbar“, warnen die Studienautoren. Die Forderung Betroffener: „Wir brauchen einen Masterplan mit Verbesserungsmaßnahmen.“

*„**Supermax**“ Kurt Hauenstein, einer der ersten österreichischen Popstars, stirbt 62-jährig völlig unerwartet in seinem Wiener Haus. 1978 war Supermax mit „Lovemachine“ der große Durchbruch gelungen. Todesursache dürfte ein Herzproblem gewesen sein.*

Wiener Justizanstalt als stilles Drogenparadies

Sie sollten im Gefängnis sitzen, um zu büßen. Doch sie saßen, um zu dealen – in der Justizanstalt Wien-Josefstadt kann Mitte März ein dreister Drogenring gesprengt werden! Elf einsitzende Frauen, die von der Wäscherei aus Substitol an ihre Kundinnen verteilten. Hinter Gittern bunkerten sie sogar jene Drogenware, die sie an freien Tagen draußen an Süchtige verkauften.

__Auf Tuchfühlung__ mit den Zoobewohnern. – Ein Jahr lang haben Fotograf Lukas Beck und Autorin Renate Pliem Tiere in Schönbrunn und ihre Pfleger begleitet, die mit Begeisterung über ihre Arbeit mit den Zoo-Bewohnern berichten. Ihr Werk gibt Einblick über den Alltag des Tiergartens und zeigt, wie am Beispiel mit den bulligen Wasserbüffeln, dass es gegenseitiges Verständnis gibt.

Erneut ein „Fokker-Zwischenfall“ – die Maschine verliert ein Rad

Fokker-Zwischenfall ● „Uns stand der Atem still“

Schock für AUA-Passagiere Jet verlor Rad – Notlandung!

Das hätte auch anders ausgehen können! Anfang März erleben 56 Passagiere des Austrian-Fluges von München nach Wien einen Riesenschock. Kurz nach dem Start löst sich ein Rad von der Maschine – Notlandung! Die Crew hat die Situation aber fest im Griff.

Kurz nach dem Abheben vom Franz-Josef-Strauß-Flughafen in München kommt es zu den dramatischen Szenen. Plötzlich löst sich vom rechten Hauptfahrwerk der „Fokker 70“ ein Rad und stürzt in die Tiefe. Piloten und Crew reagieren besonnen. „Die Maschine drehte um und setzte zur Notlandung aus Sicherheitsgründen an“, so Austrian-Sprecher Michael Braun. Obwohl alles sicher über die Bühne geht, der Schrecken steht vielen Reisenden ins Gesicht geschrieben.

Bebenhölle von Japan!

Horrorerdstöße, Tsunami & Super-GAU

ERDSTÖSSE der Stärke 9 erschüttern am 11. März um 14.45 Ortszeit die Nordküste Japans. Ein zehn Meter hoher Tsunami reißt alles mit sich: Autos, Schiffe, ja sogar ganze Häuser. Die Megawelle richtet verheerende Schäden an. Mehr als 400.000 Menschen werden obdachlos, 23.000 Todesopfer sind unmittelbar nach dem Horrorbeben zu beklagen. Doch dann gipfelt die Apokalypse im atomaren Notstand! In Fukushima kommt es zum Super-GAU und mit drei Kernschmelzen zur beispiellosen Nuklear-Katastrophe in der Geschichte.

10-Meter-Tsunami nach

Schwerste Erdstöße in Japans Geschichte
Megawelle reißt ganze Ortschaften mit sich
23.000 Tote – Hunderttausende Flüchtlinge

Ein Horrorbeben der Stärke 9 – das heftigste in der Geschichte des an Erdstöße gewöhnten Japan – erschüttert am 11. März die Nordküste des Landes. Ein zehn Meter hoher vernichtender Tsunami reißt Autos, Schiffe, Häuser, ja sogar ganze Orte mit sich fort. Die Schäden sind verheerend, selbst in der 400 Kilometer entfernten Hauptstadt Tokio. Zudem löst das Beben mehr als hundert Brände aus – und auch die Atomkraftwerke auf der japanischen Insel sind in Gefahr: Tausende Menschen versuchen aus der Bebenhölle zu entkommen . . .

„Als wäre das Erdbeben, das Japan erschütterte, nicht schon schlimm genug gewesen, folgte die an manchen Stellen bis zu 23 Meter hohe Mega-Flutwelle, die an der Nordküste ganze Städte von der Landkarte fegte. Die gewaltigen Wassermassen rissen ganze Züge samt Lok und Waggons mit sich", beschreibt „Krone"-Redakteurin Eva Lehner den Beginn des Horrorszenarios. Der Tsunami verwüstet ganze Landstriche. Schlamm und Wasser bedecken die Straßen. Boote, ja sogar riesige Schiffe werden an Land geschwemmt, Autos und Züge ins Meer gespült.

Wie viele Menschen die Horrorwelle unter sich begrub, wird man wohl nie wissen. Anfangs ist von 4.000 Toten die Rede, doch schon nach 24 Stunden heißt es, dass in der Hafenstadt Miyagi mindestens 10.000 Bewohner vermisst werden. Drei Tage später findet man dort rund 2.000 Leichen, die an die Küste gespült worden waren. Insgesamt dürfte die Megawelle mehr als 23.000 Menschen in den Tod gerissen haben.

Das öffentliche Leben bricht aber nicht nur in der

◄ Diese Welle bringt den Tod: zehn bis 23 Meter hohe Wassermassen begraben ganze Ortschaften unter sich – es gibt kein Entrinnen!

Helfer bringen Überlebende aus der Bebenzone in Sicherheit. Sie haben vieles verloren: Familie, Nachbarn, Haus – einfach alles. ▼

Ein Schiff im Landesinneren, auf einem Häuserdach „geparkt"

Kronen Zeitung UNABHÄNGIG

Erdbeben der Stärke 9!

Natori ist eine der ersten Städte, die die Tsunami-Welle überschwemmt: Häuser werden zerstört und nach Explosionen bricht Feuer aus.

Küstenregion, sondern in weiten Teilen Japans zusammen. Obwohl die Bevölkerung durch die Häufigkeit von Erdbeben und viele Katastrophenübungen als gut vorbereitet gilt, ist die ungeheure Wucht dieser Erdstöße doch überraschend. Mehr als vier Millionen Menschen müssen völlig ohne Strom auskommen. Es fahren keine Züge und in Tokio keine U-Bahn mehr, viele Flughäfen stellen den Betrieb ein.

Es sind Szenen, die man sonst nur aus Katastrophenfilmen kennt: Gebäude, die wie Kartenhäuser in sich zusammenstürzen, Menschen in Todesangst, Flammenfontänen. Mitten in der Bebenhölle auch viele Österreicher – rund 600 Landsleute. Einige schildern dem „Krone"-Reporterduo Gregor Brandl und Gerhard Bartel ihre bangen Momente: „Wir liefen in Panik auf die Straße. Trümmer krachten zu Boden, Gasleitungen barsten und Feuer brachen aus."

So gefasst die an Disziplin gewöhnte Bevölkerung Japans das Rekordbeben im ersten Moment auch aufnimmt, so steigt die Erschütterung, als im Lauf des Tages das wahre Ausmaß der Katastrophe bekannt wird.

In den Städten herrscht „Chaos pur". Nach Hamsterkäufen sind die Supermarkt-Regale leer gefegt.

Aus Furcht vor Nachbeben und vor einem Super-GAU macht sich unter den Bewohnern der Millionen-Metropole Tokio die Angst vor der Apokalypse breit.

BITTE BLÄTTERN SIE UM

Wie von einer Riesenfaust gepackt: eine tonnenschwere Zugsgarnitur wird von den Schienen gerissen.

klar text

VON KURT SEINITZ

Die Atomlobby geht über Leichen

„Atomenergie soll nicht beherrschbar, nicht sicher sein? Schauen Sie doch nach Fukushima. Die Reaktoren haben einem Super-Erdbeben und einem Super-Tsunami standgehalten. Wie viele Opfer haben hingegen berstende Staudämme gefordert?", packt der französische Atompolitiker seine Pro-Argumente aus. „Atompolitik ist aber mehr als die Sicherheitsfrage. Atompolitik ist auch Klimarettung und Jobs in der Wirtschaft."

Atompolitik ist russisches Roulette, hat er verschwiegen! Atomwirtschaft ist so sicher wie die „Titanic". Atompolitik ist die Mutter aller Unverantwortlichkeit. Staudämme bersten, weil auch sie nicht absolut sicher sind. Aber das Höllenfeuer (Plutonium-Halbwertszeit: 24.000 Jahre) ist Strahlentod auf Generationen hinaus, ein Verbrechen an Kindern und Kindeskindern.

Das Verbrechen beginnt schon mit der kriminellen Energie der Atomindustrie: Regierungen erpressen sowie Täuschen, Leugnen, Lügen. Nicht nur der japanische Atomkonzern hatte Sicherheitsüberprüfungen bloß auf dem Papier vorgenommen und sogar gefälscht. Ähnliches erlebte das achtsame Deutschland.

Wer war eigentlich in Japan auf die Idee gekommen, AKWs ausgerechnet an der Ost-Küste, an der Tsunami-Küste, zu errichten (wegen der billigeren Kühlung), statt im Westen der Insel; ganz abgesehen von AKWs im Erdbebengebiet?

Japan, das rohstoffärmste Land auf der Welt (neben Ungarn), wurde Opfer seiner introvertierten Insel-Mentalität: Unabhängigkeit der (gastarbeiterlosen) Wirtschaft von konventionellen Energieträgerimporten.

Super-GAU macht

- **Kühlsystem-Ausfall: Reaktoren explodieren**
- **Nuklearer Hexenkessel samt Kernschmelze**
- **Japans schlimmste Krise seit Kriegsende**
- **Die AKW-Betreiber vertuschen die Schäden**

◄ Ein Bild der Verzweiflung: Inmitten eines Trümmerberges beklagt eine Überlebende ihr Schicksal. Erneut gilt es zu flüchten, diesmal vor den tödlichen Atomstrahlen.

Obwohl Japan alles versucht, um die Bevölkerung zu beruhigen, bringen Strahlentests die Wahrheit ungeschminkt ans Tageslicht: verstrahlt heißt krank! ▼

Die Lage im beschädigten AKW Fukushima wird von Stunde zu Stunde bedrohlicher: Eine gewaltige Wasserstoffexplosion reißt drei Tage nach dem Tsunami auch die äußere Hülle des Reaktorblocks 3 weg, in Block 2 sind alle Brennstäbe mittlerweile ohne Wasser. Es ist nicht gelungen, den absinkenden Stand der Kühlflüssigkeit mit Meerwasser abzukühlen. In drei Reaktoren droht Kernschmelze: Globales Entsetzen macht sich breit – die Nuklear-Detonationen können übers Fernsehen live verfolgt werden.

Trotzdem versuchen die AKW-Betreiber von Anfang an die Folgen des Super-GAUs herunterzuspielen. Aber ihre Berichte strotzen vor Lügen. Viele gravierende Schäden werden nämlich nur versteckt in der Datenflut veröffentlicht: als vermeintliche Randnotizen, Bagatellen etc. Dennoch sickert die Wahrheit durch. In der Hexenküche von Fuku-

Fukushima zur Atomhölle

◄ *Diese Bilderserie zeigt die zweite Explosion im AKW Fukushima. – Die Gerippe der geborstenen Reaktoren ragen unheimlich, wie apokalyptische Reiter, in den Himmel.* ▼

shima braut sich ein Horrorszenario zusammen. Im Reaktor 3 steigt die Temperatur ständig an und Reaktorblock 4 ist wegen Detonations- und Löschfolgen einsturzgefährdet.

400.000 Japaner haben durch Beben und Tsunami ihr Zuhause verloren, viele Tausende ihre Angehörigen. Doch inmitten von Tod, Verwüstung und Atomangst verhalten sich die Betroffenen ruhig und diszipliniert. Es gibt weder Drängeleien noch Plünderungen.

Und die atomare Zeitbombe tickt weiter im havarierten AKW. Wie die Umweltschutzorganisation GLOBAL 2000 warnt, drohen allen Bemühungen zum Trotz 99 Millionen Liter hoch radioaktives Wasser im Keller der vier Reaktor-Wracks auszulaufen.

„Seit März wird in Fukushima unkontrolliert Radioaktivität frei: In Form von Wasserdampf, der beim Verdampfen des Kühlwassers entsteht, und in Form von Wasser, das nach Kontakt mit geschmolzenen Kernbrennstoffen in die Keller läuft“, so der Atomexperte Reinhard Uhrig.

Selbst vier Monate nach dem Super-GAU beträgt die Temperatur in den zerstörten Druckbehältern immer noch 149 Grad Celsius, der Zustand ist aber erst bei 65 Grad stabilisiert.

Zuflucht unter einer Treppe, alle Habseligkeiten in Schachteln

Flucht aus der Todeszone

BITTE BLÄTTERN SIE UM

Liebe Japaner,

meine persönliche Lieblingsgeschichte aus Eurem Kirschblütenland ist jene des kaiserlichen Marineleutnants Hiroo Onoda, der 1974, also 29 Jahre nach Kriegsende, im philippinischen Dschungel entdeckt wurde, wo er sich alleine verschanzt hielt, jeden Tag sein Gewehr putzte und erst aufgab, als man seinen ehemaligen Kommandanten einflog, der ihm offiziell mitteilte, dass Japan den Kampf gegen die Alliierten 1945 verloren habe.

Mein persönliches Lieblingsbuch aus Eurem Land der aufgehenden Sonne ist schmal, vom vielen Lesen zerfleddert und hat japanisches Denken zum Inhalt:

Sobald man davon spricht, was im nächsten Jahr geschehen wird, lacht der Teufel.

Hebt man den Blick, so sieht man keine Grenzen.

Am Fuße des Leuchtturms herrscht Dunkelheit.

Es ist leicht zu sterben, aber schwer zu leben.

Einmal selbst sehen ist mehr wert, als hundert Neuigkeiten zu hören.

Auf dem Haupte der Ehrlichkeit hausen die Götter.

Wer schnell verspricht, vergisst bald.

Hast du es eilig, so mache einen Umweg.

Der Weidenzweig wird durch die Last des Schnees nicht gebrochen.

Was du deinen Eltern schuldig bist, weißt du erst, wenn du selbst ein Kind hast.

Man braucht bloß vor die Tür zu gehen, so hat man sieben Feinde.

Liebe Japaner: Einem Volk, das solche Schätze im Kopf hat, dem braucht nicht bange zu sein.

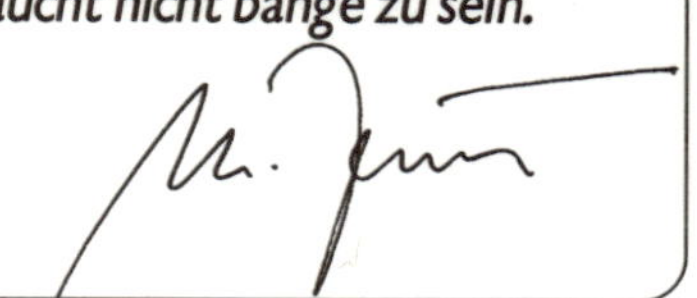

Schwerer Schlag für

● Beben & Tsunami legen Produktion lahm
● Direkter Schaden beträgt 147 Milliarden €

Auch die ökonomischen Folgen des Tsunami-Horrors erschüttern Japans Grundfeste. Als erste Reaktion stürzt die Börse in Tokio um mehr als sechs Prozent ab. Große Teile der Industrie stehen wegen Strommangels still, dem Land droht eine neue Rezession. Allein das Erdbeben und der Tsunami treffen die Volkswirtschaft mit 147 Milliarden Euro. Die Folgen von Fukushima noch gar nicht miteingerechnet.

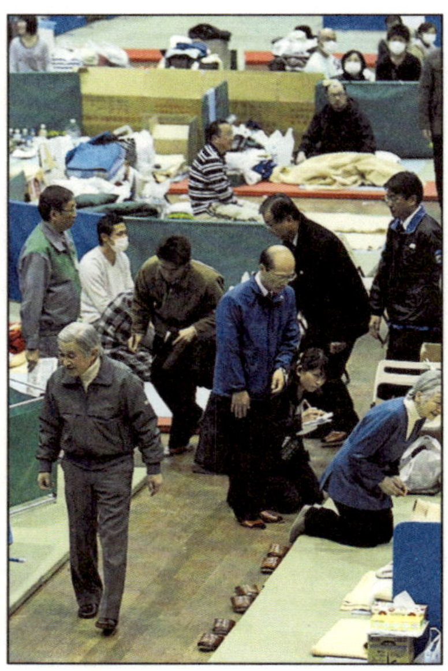

◀ *Kaiser Akihito & seine Frau Michiko (kniend) besuchen ein Lager für Obdachlose.*

Unter dem Schock des Bebens und der Atomkatastrophe bricht Japans Leitbörse ein: minus 6,8%!

Der Absturz der Börsen war absehbar: Der Nikkei-Index fällt um über 600 Punkte und damit klar unter die psychologisch wichtige 10.000-er-Marke zurück. Obwohl die Aktien der AKW-Betreiber zum Teil vom Handel ausgesetzt waren (der Fukushima-Betreiber büßt 23 Prozent seines Wertes ein), erwischt es andere große Firmen wie die Industrieriesen Sony (–9%) und Toyota (–8%).

Laut Behördenschätzungen ergibt sich eine Schadenssumme von 147 Milliarden Euro. Dabei wurden die Schäden an Häusern, Fabriken und der Infrastruktur wie Straßen und Brücken berücksichtigt. Nicht eingerechnet sind dabei die indirekten Kosten der Katastrophe, die etwa durch Produktionsausfälle etc. entstanden sind. Ebenso wenig berücksichtigt wurden auch die Folgeschäden, die durch den Super-GAU von Fukushima erwachsen sind.

Trotz allem traut man Japan die ökonomische Erholung zu. Ratingagenturen sprechen davon, dass die japanische Wirtschaft die finanzielle Kraft und Kreditwürdigkeit hat, sich nach einem kurzen Einbruch rasch zu erholen.

Während sich die Wirtschaft erfängt, hat die Atom-Apokalypse eine erschreckende Langzeitwirkung auf sensible Ökosysteme. Nicht nur, dass Milliarden Jungfische vom Tsunami an Land gespült wurden, zieht eine gigantische radioaktive Wolke über den Pazifik. „Dort lädt sie ihre Todesfracht über dem Meer ab und verseucht damit auch Fi-

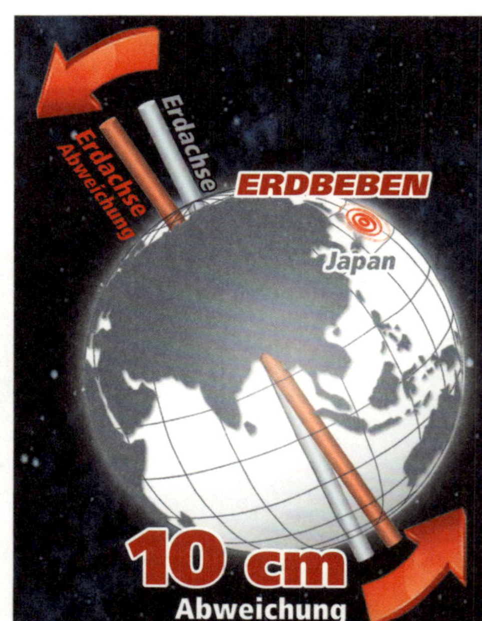

Die Erdstöße der Stärke 9 haben sogar die Erdachse um 10 Zentimeter verschoben.

die Wirtschaftskraft Japans

sche", so der Biologe Helmut Belanyecz.

An den EU-Grenzen werden alle Importlebensmittel aus Japan gegen radioaktive Belastung genau überprüft. Zu Recht! In Paris taucht extrem verstrahlter Tee aus der Region Fukushima auf.

„Ja sogar unser Planet wurde durch das Mega-Beben verschoben und verdreht", wie „Krone"-Wissenschaftsredakteur Tobias Micke berichtet.

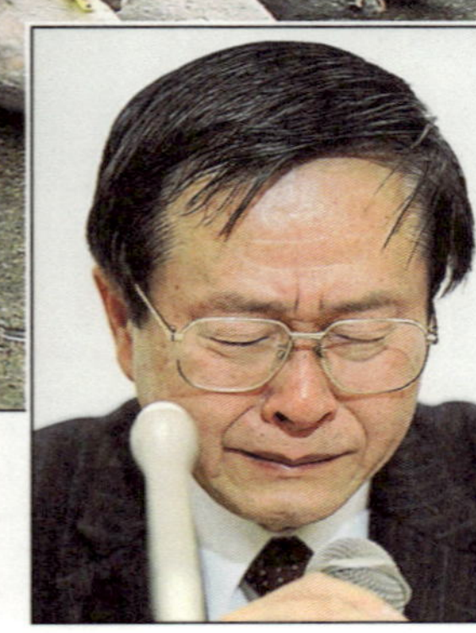

◄ Erdprobenentnahme, um die Kontaminierung zu analysieren. Traurige Apokalypse für die Fauna der Ozeane: Viele Fische werden verseucht. ▼ Atomberater Kosako tritt weinend zurück. ►

Nach Super-GAU kommt es spät, aber doch zur Wende in Europas Energiepolitik

Atomgegner auf den Barrikaden

So erschütternd die Folgen der Kernschmelze in Fukushima auch sind, so führt der Super-GAU spät, aber doch zu einer Kehrtwende in Europas Atompolitik! Nach Italien und der Schweiz beschließt auch Deutschland, sich von der Kernenergie zu verabschieden . . .

Im Detail schaut Deutschlands Plan so aus: Die acht bereits stillgelegten Alt-Reaktoren bleiben vom Netz, die neun neueren AKW sollen bis spätestens 2022 abgeschaltet werden.

„Seit dem Dreifach-Super-GAU von Fukushima ist zumindest im Westen von Österreich ein Dominoeffekt beim Atomausstieg zu beobachten", so Greenpeace-Sprecher Steffen Nichtenberger. Gleichzeitig kritisiert der Umweltschützer den „unverantwortlich langsamen Ausstieg".

Denn laut Berechnungen wäre das schnellstmögliche Ende der Nuklearenergie innerhalb von nur vier Jahren möglich – und zwar versorgungssicher!

So gesehen kann der Zeitplan Deutschlands mit einem lachenden und einem weinenden Auge betrachtet werden: Kanzlerin Merkel kündigte noch im Herbst des Vorjahres vollmundig die „Renaissance der Atomenergie" und eine Laufzeitverlängerung bis 2040 an.

„Der Atomausstieg kommt spät, aber immerhin kommt er", gratuliert SPÖ-Umweltsprecherin Petra Bayr den Deutschen. Zumal es im CDU-Stammland Baden-Württemberg eine schallende Ohrfeige für Angela Merkel und ihre bisherige Atompolitik gibt. Es kommt zum historischen Machtwechsel zu Grün-Rot! Winfried Kretschmann (62) wird somit erster grüner Landesministerpräsident.

◄ Erboste Atomgegner bei einem Protestmarsch vor dem Risiko-Reaktor in Biblis.

Das Anti-Atompaket als

● Riesenerfolg für große „Krone"-Aktion „Abschalten! Jetzt!"

● Knapp 600.000 Unterschriften gegen Nuklear-Wahnsinn

Angesichts der Katastrophe von Fukushima wird einmal mehr klar: Österreich ist von Risiko-Reaktoren umzingelt! Bei einem Super-GAU wären wir den Todesstrahlen hilflos ausgesetzt. Darum startet „Krone"-Herausgeber Christoph Dichand gemeinsam mit den Umweltschützern von GLOBAL 2000 eine große Anti-Atom-Aktion!

„Österreich ist von Schrottmeilern eingekreist, Europas Politik ist verantwortungs- und unsere Volksvertreter sind seit Jahren planlos! Alle bisherigen Proteste gegen die grenznahen Atom-Ruinen sind großteils verebbt. Aber mit der Solidarität für die Abertausenden Opfer in Japan wächst in Europa und vor allem im AKW-freien Österreich der Volkszorn gegen die lahme Politik", so „Krone"-Redakteur Christoph Matzl. Mit

◄ *Vor 30 Jahren hat sich Österreich gegen die Kernenergie und das AKW Zwentendorf entschieden. „Krone"-Gründer Hans Dichand war von Anfang an entschiedener Gegner der Atomlobby. – Acht Jahre später bestätigte der Super-GAU von Tschernobyl und heute die Apokalypse im baugleichen (!) AKW Fukushima auf tragische Weise seine Einschätzung.*

Montag, 6. Nov. 1978 / Nr. 6625, S 4,-
Wien 19, Muthgasse 2, Telefon 36 52 50

Neue Kronen Zeitung UNABHÄNGIG

Fernsehen - Radio heute auf Seite 14

NEIN

Knapp über 50% gegen Atomkraft

Wahlbeteiligung betrug fast 65%

◄ So sah das nicht in Betrieb gegangene Atomkraftwerk Zwentendorf nach dem „Nein" der Österreicher aus. 14 Milliarden Schilling wurden in den Bau gesteckt. Heute ist es ein Museum, am Gelände wird Strom aus Sonnenenergie gewonnen (Siehe S.11).

Foto: Peter Tomschi

Als die Österreicher „Nein" sagten

Dem Datum 5. November 1978 kommt angesichts der Atomkatastrophe in Japan besondere Bedeutung zu: An diesem Sonntag entschieden die Österreicher im Rahmen einer Volksabstimmung über die Inbetriebnahme des praktisch fertiggestellten Atomkraftwerkes Zwentendorf an der Donau in Niederösterreich. Exakt 50,47% sagten „Nein" zur Atomkraft, eine Minderheit von 49,53% hätte Zwentendorf lieber in Betrieb gehen gesehen.

Was folgte, war das Festschreiben des österreichischen Anti-Atom-Weges in der Verfassung: Schon einen Monat später, im Dezember 1978, wurde das Atomsperrgesetz im Parlament beschlossen. Dieses Gesetz sieht vor, dass in Österreich bis heute keine Kernkraftwerke ohne Volksabstimmung gebaut werden dürfen.

Der Bau von Zwentendorf verschlang rund 14 Milliarden Schilling. PETER GNAM

Thema des Tages

VON PETER GNAM

Als Hinterwäldler verspottet . . .

Seit dem japanischen Super-GAU ist ihnen allen das spöttische Lachen über die rückständigen Ösis vergangen: Der Schock sitzt weltweit tief – ob die Atomlobby deshalb gestoppt werden kann, ist dennoch fraglich.

Man muss sich ja nur daran erinnern, wie die Österreicher über viele Jahre wegen des „Nein" bei der Volksabstimmung 1978 über das praktisch fertiggestellte Atomkraftwerk Zwentendorf nicht nur als Hinterwäldler, sondern auch als „gefährlich fortschrittsfeindlich" verächtlich gemacht worden sind. Nicht nur die Tschechen haben uns immer wieder spüren lassen, wie rückständig wir in Energiefragen seien.

Dann passierte Tschernobyl, doch auch danach gab es nur ein kurzes Nachdenken samt Herumreden.

Bald darauf hatte die Atomlobby wieder die Oberhand – viel schmutziges Geld für Propaganda war ebenso im Spiel wie gekaufte EU-Bonzen, die uns weismachen wollten, wie wichtig die Atomenergie für eine blühende Wirtschaft sei.

Die Zeche zahlen Millionen Japaner. Getötet, auf der Flucht, verstrahlt, todgeweiht, und von „blühender Wirtschaft" kann erst recht keine Rede mehr sein . . .

peter.gnam@kronenzeitung.at

In den Wind gereimt...

Wann wird die Menschheit was begreifen
und endlich auf Atomkraft pfeifen?
Ich fürcht, sie wird es nie verstehen,
und eher wird sie untergehen.

Wolf Martin

Kronen Zeitung UNABHÄNGIG

Auftrag an unsere Politik!

◄ GLOBAL-2000-Chef Klaus Kastenhofer (Mitte) übergibt das symbolische Anti-Atompaket an Parlamentspräsidentin Barbara Prammer sowie die Klubchefs Karlheinz Kopf (ÖVP), Eva Glawischnig (Grüne), Josef Cap (SPÖ) und Heinz-Christian Strache (FPÖ).

seinem Kollegen Mark Perry leitet er die von GLOBAL 2000 initiierte Unterschriftenaktion. „Die Nachrichten über Fukushima machen betroffen und wütend. Deshalb unterstützen auch wir dieses Anti-Atom-Manifest", so Grünen-Chefin Eva Glawischnig. Sie setzt als Erst-Unterzeichnerin auf historischem Boden – nämlich im Parlament – ihren Namen auf die unabhängige Liste.

Klaus Kastenhofer garantiert mit seinen „globalen Umweltschützern" die professionelle Durchführung. Und Strahlenschutzexperte Peter Weihs, „Zwentendorf-Gegner der ersten Stunde", nimmt sich kein Blatt vor den Mund: „Diese Protestaktion ist das einzige und richtige Druckmittel, um unsere Politiker aus ihrem Atomschlaf zu wecken!"

Mitte März starten die „Krone" & „krone.at" die Aktion: In sieben Wochen unterschreiben fast 600.000 Österreicher – unterstützt von Prominenten aus Sport, Kultur, der Pop- und Medienwelt – gegen die Atomkraft! Konkret geht es um ein Abschalten der Hochrisiko-Reaktoren, den langfristigen Ausstieg aus der Kernkraft sowie den Stopp von Milliardensubventionen für Atomprojekte.

Schließlich heben alle fünf Klubchefs diese Unterschriften mit einem formalen Schreiben in den Rang einer sogenannten „parlamentarischen Petition" – nun ist das Hohe Haus am Zug!

„Sowie bereits die Unfälle von Tschernobyl bis Three Miles Island die Geschichte eines Irrweges beschrieben haben, wird auch dieser GAU Spuren für Generationen hinterlassen. Das Fukushima-Desaster ist nicht das erste in einer Reihe todbringender Atomkatastrophen. Es sollte aber die letzte gewesen sein. Jetzt muss die Zäsur in der Leid und Verderben bringenden Chronik der Kernenergie gekommen sein. Wann denn, wenn nicht jetzt?", bringt Politik-Redakteur Claus Pándi das Problem auf den Punkt.

Gegen AKWs: Tormann-Legende Konsel

Für die Umwelt: TV-Lady Vera Russwurm

Scheidungs-Drama ● Mann fährt mit Leiche im Anhänger 1000 km bis Rumänien:

Ehefrau ermordet und verscharrt

◀ *Spar-Verkäuferin Ibolya S. wird in diesem 1,40 Meter tiefen Erdloch verscharrt.* ▼

Tödlicher Scheidungskrieg! Die erloschene Beziehung eines vor 30 Jahren nach Österreich eingewanderten rumänischen Ehepaares endet mit einem Mord. Der tatverdächtige Mann soll seine Frau (54) in Niederösterreich erstickt haben. Dann fährt er mit der Leiche in seine alte Heimat und verscharrt sie in einer Scheune.

„Ibolya war die gute Seele unserer Filiale. Freundlich, verlässlich, beliebt bei Kunden und Kollegen", ist Karin Schrögendorfer, Chefin des Spar-Marktes in Baden, im Gespräch mit „Krone"-Fotograf Helmut Horvath noch immer geschockt.

Geschockt von dem Mord an ihrer Angestellten und dreifachen Mutter. Unter Verdacht: der um fünf Jahre ältere Ehemann Antal. Er soll seine Frau über Jahre geschlagen haben. Schließlich will Ibolya das Martyrium beenden und reicht die Scheidung ein – ihr Todesurteil. Denn Antal befürchtet einen finanziellen Absturz und schmiedet einen teuflischen Plan.

Nach dem Mord fährt der Tatverdächtige (es gilt die Unschuldsvermutung) mit dem Opfer im Anhänger 1000 Kilometer in sein rumänisches Heimatdorf. Chefermittler Leopold Etz: „In einem Erdloch verscharrt er schließlich die Leiche und will den Anhänger verschrotten." Doch die Fahnder sind schneller . . .

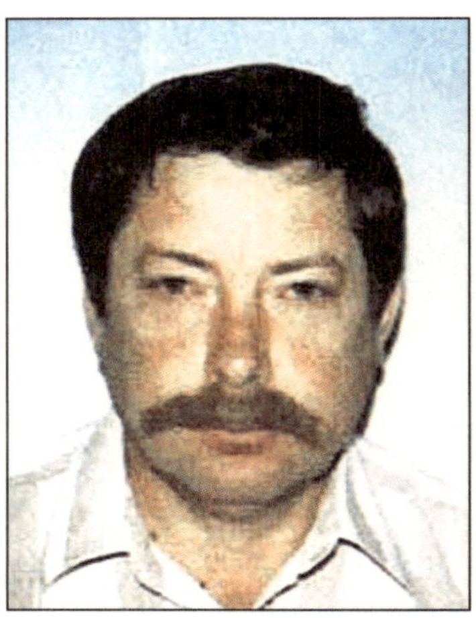

Unter Verdacht: Ehemann Antal

In dieser Scheune in Rumänien finden Ermittler die Frauenleiche.

Tragödie bei Radausflug in Salzburg: 3 Todesopfer

Mit einem Drama endete der Radausflug von drei Pensionisten bei herrlich sonnigem Frühlingswetter im Salzburger Pinzgau: Eine junge Autofahrerin (21) rast beim Überholen in die Gruppe. Für Gotthart Wimmer (70), seine 73-jährige Ehefrau Erika (re.) und die gleichaltrige Nachbarin Gertraud Ebner aus Zell am See kommt jede Hilfe zu spät. „Krone"-Redakteurin Sabine Salzmann: „Als Unglücksursache wird ein fataler Mix aus abgenützten Sommerreifen bei zu warmen Temperaturen und überhöhte Geschwindigkeit vermutet."

Heiße Bademoden der Kultmarke Victoria's Secret werden in Hollywood, Kalifornien, von den drei als „Engeln" titulierten Topmodels Alessandra Ambrosio, Candice Swanepoel und Adriana Lima (im Bild von links) präsentiert. Die SWIM-Kollektion besteht aus Einzelteilen, die nach Lust, Laune und Figur beliebig kombinierbar sind. Mustermix ist erwünscht.

Jahrhundert-Cafetier Leopold Hawelka feiert seinen 100sten Geburtstag. Und dort, wo der Jubilar noch fast jeden Tag ist, im Wiener Café Hawelka, versammeln sich zu diesem historischen Ereignis viele Freunde und Weggefährten wie Maler Ernst Fuchs oder Sänger Udo Jürgens. Das Geburtstagskind selbst glänzt allerdings wegen kleinerer „Familienreibereien" mit seiner Abwesenheit.

Rechtsradikale Internetseite ● Ermittler als „Hacker" tätig

Schlag gegen Neonazi-Milieu: Haftbefehl für Gottfried Küssel

Nach monatelangen Ermittlungen zu der rechtsradikalen Internetseite „alpen-donau.info" schlägt die Eliteeinheit Cobra zu: Bei einer Kommandoaktion werden die mutmaßliche Neonazi-Größe Gottfried Küssel und das Computerhirn der Homepage wegen des Verdachts der Wiederbetätigung in Wien verhaftet.

◄ Der verhaftete Gottfried Küssel soll Kopf der Neonazi-Internetseite sein. ▼

Dass die heimischen Staatsschützer – wie oft kritisiert – auf dem rechten Auge blind sind, widerlegen mehr als 20 Razzien in dem brisanten Fall eindrucksvoll. Und die Beamten des Bundesamtes für Verfassungsschutz und Terrorismusbekämpfung (BVT) gehen bei den Ermittlungen zur Internetseite „alpen-donau.info" technisch raffiniert vor: Durch geknackte Zugangscodes können sie als „Hacker" sämtliche Vorgänge auf der hetzerischen Neonazi-Homepage quasi in Echtzeit mitverfolgen.

Neben Szene-Größe und Symbolfigur Gottfried Küssel sowie dem Computerhirn wandert wenige Tage nach der Cobra-Kommandoaktion noch ein dritter Mann in U-Haft. Ein Rattenschwanz an Prozessen nach dem Verbotsgesetz (es drohen bis zu zehn Jahre Haft) dürfte auch für noch weitere Verdächtige nun die Folge sein.

Krone-Chronik April 2011

● Bei einer Gewaltorgie radikaler Islamisten wegen einer Koran-Verbrennung durch fanatische Christen im US-Bundesstaat Florida werden UNO-Mitarbeiter in Afghanistan geköpft.

● Weil sie ein gleichaltriges Mädchen im Schulbus bedroht und gemobbt hat, wird eine 15-jährige Vorarlbergerin zu einer (teilbedingten) Geldstrafe von 320 Euro verurteilt. „Der Schock beim Opfer sitzt sehr tief", so Günter Flatz, Sprecher des Landesgerichts Feldkirch.

● Mit der Vergiftung von Nahrungsmitteln durch Arsen droht ein Erpresser Lebensmittelketten in vier Ländern. Auch 18 heimische Firmen erhalten Schreiben mit Geldforderungen.

Blutige Gefechte um die Macht in Elfenbeinküste

Die Elfenbeinküste versinkt im Blut. Im afrikanischen Land liefern sich Anhänger des international anerkannten Wahlsiegers Alessane Quattara mit dem an seiner Macht klammernden Präsidenten Lauren Gbagbo heftige Gefechte mit Hunderten Toten. Auch die französische Armee greift an der Seite von Quattara in den Krieg ein: Gbagbo wird in einer Kommandoaktion in seiner Residenz verhaftet.

Der ***„doppelte Heinzi"*** *ist eine der Attraktionen im am 1. April eröffneten Wachsfiguren-Kabinett bei Madame Tussauds im Wiener Prater. 65 perfekt gemachte Doubles heimischer und internationaler Prominenter gibt es hautnah zum Anfassen. „Krone"-Wien-Redakteur Kalman Gergely bekommt eine Sonderführung.*

Freundin von Offizier dreht Hardcore-Szenen ● „Porno-Major" kämpft gegen

Heeres-Skandal um Sexfilm in

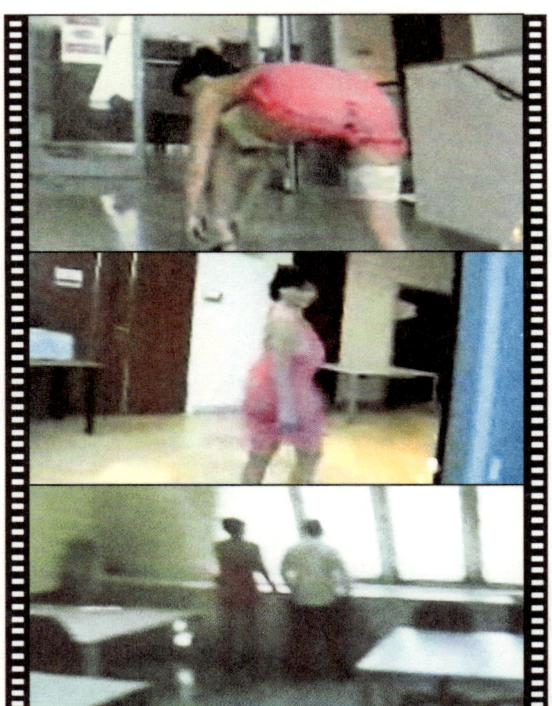

◄*„Nadine Vienna" beim Sex-Dreh mit rosa Minikleid & Strapsen in der Kaserne und mit Anwalt Gollowitsch.* ▼

Eine professionelle Pornodarstellerin, ein Major als ihr Freund, das feudale Dachgeschoß der Wiener Stiftskaserne als Kulisse für eine Orgie – und fertig ist der Sex-Skandal beim Bundesheer! Der im Internet zu kaufende Film mit der vollbusigen „Nadine Vienna" erregt die ganze Landesverteidigungs-Akademie.

„Über den Dächern von Wien" mit Hardcore-Szenen in der Heeres-Kaserne ist um 10 Euro für jedermann auf der Homepage der 36-jährigen Mutter zu kaufen. Das kostet ihrem Lebensgefährten, einem Bundesheer-Major, den Job. Denn der Porno-Dreh ging am Arbeitsplatz des Mannes, der Wiener Stiftskaserne, über die Bühne. Angeblich aber ohne dessen Wissen.

„Nadine Vienna": „Mein Freund zeigte uns den Ausblick vom Dach. Als wir wieder unten waren, habe ich bemerkt, dass ich mein Han-

Fenstersturz aus Wohnung im 6. Stock:

Todesdrama um unsere Judo-Heldin Claudia Heil

Österreichs Sport trägt Trauer. Unsere Judo-Heldin Claudia Heil (Olympia-Silber) stirbt im Alter von erst 29 Jahren. Sie stürzte sich aus dem 6. Stock ihrer Wiener Wohnung. Wenige Tage später der nächste Schock: Fußballtrainer Ernst Weber wählt ebenso den Freitod.

„Claudia Heil war eine Perfektionistin. Wenn sie sich etwas in den Kopf gesetzt hat, dann hat sie es durchgezogen. Offenbar gilt dies bis zu den Sekunden ihres Todes“, schreibt „Krone“-Sportredakteur Josef Langer in seinem berührenden Nachruf.

Nach einem Treffen mit ihrem langjährigen Trainer Hubert Rohrauer, Mutter Sabine und Ex-Tennisspielerin Barbara Schwarz in ihrer Wohnung in Wien-Landstraße springt Heil kurz nach 3 Uhr früh aus dem Fenster. Rohrauer erschüttert: „Nach Ende ihrer Laufbahn, in der sie alles dem Judo unterordnete, hat ihr Leben doch erst begonnen.“

Eine Woche später erschüttert die Sportwelt dann das nächste Freitod-Drama: Ernst Weber, 62-jähriger Teamchef der Fußball-Damen, wirft sich bei Baden (NÖ) vor einen Zug der Südbahn.

Größter Kampf ihrer Karriere für Claudia Heil: das Olympia-Finale in Athen

seine Kündigung an:

Kaserne

dy vergessen habe. Mein Lebensgefährte hat mir dann den Schlüssel gegeben und ist in seinem Büro geblieben. Das mit dem Film hat sich so ergeben, aufgenommen wurde er mit meinem Handy.“

Für Verteidigungsminister Norbert Darabos ist die ganze Sache freilich nicht so harmlos. Er veranlasst die Kündigung des „Porno-Majors“. Das will sich dieser nach 20 Jahren Dienst beim Heer freilich nicht gefallen lassen – und schießt aus vollen Rohren zurück. Anwalt Marc Gollowitsch zu „Krone“-Aufdecker Michael Pommer: „Zu hinterfragen ist, ob die Frist von acht Wochen zwischen Bekanntwerden der Geschichte und Entlassung nicht doch zu lange ist.“

Korruptionsverdacht nun im Wirtschaftsministerium:

Top-Beamter zweigt EU-Geld für Ehefrau ab

„Tango Korrupti“ offenbar auch im Wirtschaftsministerium! Ein Top-Beamter der Sektion für Außenwirtschaftspolitik und Europäische Integration soll in einen Betrug mit EU-Geldern verwickelt sein. Er dürfte unter anderem Vereine „gefördert“ haben, in denen seine Frau Funktionen hat. Das Wirtschaftsministerium reagiert prompt. Der Beamte wird suspendiert, sein Computer einbehalten und eine Sachverhaltsdarstellung an die Staatsanwaltschaft geschickt.

Rivalinnen an der Oper: Garanča und Netrebko

Als furiose Gegnerinnen, die einander aus dem Weg räumen möchten, sind sie sensationell: Anna Netrebko (rechts) als unglückliche Königin, die ihren Mann Heinrich VIII. an die einstige Hofdame und Rivalin verliert, und Elīna Garanča (links) als die Feindin Giovanna Seymour! Beim künstlerischen Ereignis des Jahres in der Wiener Staatsoper mit dabei ist natürlich auch „Krone“-Kulturfeinspitz Karlheinz Roschitz. „Die Netrebko und die Garanča brillieren mit wunderbar geführten Stimmen, perfekt perlender Koloraturenkunst, aber auch feinem Ausdruck voll delikaten Gefühlsnuancen“, so seine Kritik.

Thema des Tages

VON CLAUS PÁNDI

Letzter Wunsch

Der Abgang von Josef Pröll war staatsmännisch und verantwortungsvoll. Er wird den meisten als anständiger und heiterer Optimist in Erinnerung bleiben. Seine Entscheidung, der Politik den Rücken zu kehren, mag gesundheitlich begründet sein. Tatsächlich aber war die lebensbedrohende Erkrankung nur der letzte Anstoß. Pröll hat in den vergangenen Wochen erkennen müssen, dass er an seiner Partei zerschellt ist. Und das ist am allerwenigsten Prölls Schuld, sondern die der ÖVP.

Jetzt soll ihm also Michael Spindelegger nachfolgen. Eine bemerkenswerte Karriere für einen, den seine Parteifreunde auch schon einmal ins EU-Parlament abgeschoben hatten. Aber der 51-jährige Niederösterreicher hat sich mit viel Fleiß, (christlichen) Grundsätzen und Verlässlichkeit an die Spitze gearbeitet. Das sind Eigenschaften, die er als ÖVP-Obmann, Vizekanzler, Außenminister und ÖAAB-Chef brauchen wird. Denn Spindelegger muss jetzt vor allem die Intrigennester in seiner Partei ausräuchern.

Einfacher wird es für den neuen starken Mann der ÖVP da schon mit dem Regierungspartner SPÖ. Spindelegger und Faymann können außerordentlich gut miteinander. Ein Umstand, der Spindelegger von manchen zum Vorwurf gemacht wird.

Aber Kanzler und Vizekanzler müssen die Koalition gemeinsam aus der Erstarrung holen, wenn 2013 nicht Strache der lachende Erste sein soll. Ein Wunsch, den auch der scheidende Vizekanzler Pröll seinem Nachfolger ans Herz gelegt hat.

Lungeninfarkt auf Skipiste ● „Für die Gesundheit und meine

Politik-Beben: Pröll tritt

Politik-Beben in der Regierung und bei den „Schwarzen“: ÖVP-Chef Josef Pröll tritt nach einem Lungeninfarkt zurück! „Ich habe mich für die Gesundheit und meine Familie entschieden“, so der Vizekanzler bei seinem starken Abgang. Nachfolger ist Außenminister Spindelegger, der gleich Minister austauscht.

Den Lungeninfarkt erleidet Josef Pröll im März beim Skifahren in Tirol. Aber es kann Schlimmeres vermieden werden. Während der VP-Chef sich nach dem Spitalsaufenthalt auf Rehab begibt, werden die Rücktrittsgerüchte immer dichter. Und tatsächlich: Am 13. April, beim ersten öffentlichen Auftritt des zu diesem Zeitpunkt noch nicht 43-jährigen Vollblutpolitikers, folgt der Paukenschlag. Der Vizekanzler und dreifache Famili-

Der eine geht, der andere kommt: Nachdem Josef Pröll aus Gesundheitsgründen abtritt, folgt ihm Michael Spindelegger nach.

20 Jahre Haft für Herzschuss aus fahrendem Auto ● Prokurist

Disco-Mord, Geliebte 2 Prozesse machen

▲ *Andreas Kronawetter (im Bild mit Anwalt Werner Tomanek) tötet René Menon. Eltern und Schwester trauern um den 20-Jährigen (kl. Bild).* ▶

Mit dem Disco-Mord und der Bluttat an der Mutter eines Babys laufen zeitgleich im Wiener Landesgericht zwei spektakuläre Prozesse. Während Andreas Kronawetter für Todesschüsse aus einem fahrenden Auto zu 15 Jahren Haft verurteilt wird, bekommt Gerhard Pucher Lebenslang. Beide Urteile sind nicht rechtskräftig.

Nach den Verbrechen sorgen auch die Verhandlungen für Schlagzeilen. Fall 1 ist der sogenannte Disco-Mord. Der erst 20-jährige René Menon wird auf dem nächtlichen Nachhauseweg von einem Tanztempel in Wien-Floridsdorf mit einem Herzschuss ermordet. Der tödliche Schuss fällt aus einem fahrenden Auto. Angeklagter Andreas Kronawet-

Familie entschieden"

zurück!

envater sagt „Danke" und geht! Zuvor hält er noch eine kurze, aber beeindruckende Rede (siehe auch Polit-Kommentar). Während Josef Pröll als Vorstand des Mischkonzerns Leipnik-Lundenberger zum mächtigen VP-nahen Raiffeisenkonzern wechselt, steht sein Nachfolger auf der politischen Bühne rasch fest: Außenminister Michael Spindelegger soll die „Schwarzen" als neuer Chef wieder an die Spitze führen.

Als erste Konsequenz lässt Spindelegger in seiner Partei kräftig rochieren. Die glücklose Ex-BAWAG-Richterin Claudia Bandion-Ortner wird als Justizministerin durch Beatrix Karl abgelöst. Neuer Wissenschaftsminister ist der bisherige Uni-Rektor Karl-Heinz Töchterle. In das freie Finanzressort wechselt Maria Fekter, neue Innenministerin wird Johanna Mikl-Leitner.

Playboy-Gründer Hugh Hefner feiert seinen 85. Geburtstag

Es begann 1953 mit der blonden Versuchung Marilyn Monroe am Cover – seitdem ist der „Playboy" ein weltweites Erfolgsphänomen. Zum 85. Geburtstag haben Hugh Hefner und seine „Bunnys" also allen Grund zum Feiern. Die gute Laune lässt sich der Gründer des Männermagazins da auch nur kurz von einer abgesagten Hochzeit mit der um 60 Jahre jüngeren Crystal Harris verderben. „Hef" lakonisch im Kurznachrichtendienst Twitter: „Sie hat einen Sinneswandel gehabt."

tötet Geliebte vor Baby und muss lebenslang hinter Gitter

erschlagen: Schlagzeilen

ter (49) bekennt sich vor Gericht für schuldig, die Waffe volltrunken abgefeuert zu haben, und muss für 20 Jahre – der Oberste Gerichtshof setzt die Strafe noch um fünf Jahre hinauf – hinter Gitter. Zurück bleiben die trauernden Eltern und die Schwester Renés.

Angeklagt im Fall 2 ist der 44-jährige Gerhard Pucher. Der verheiratete Mann soll seine Geliebte Bettina G. (38) – die Mutter des gemeinsamen Sohnes – mit insgesamt 14 Schlägen mit einem Eisenrohr getötet haben. Vor den Augen des damals erst sechs Monate alten Babys, das jetzt bei der Oma ist! Für die laut Richter Andreas Böhm „bestialische Tat" bekommt der Prokurist Lebenslang.

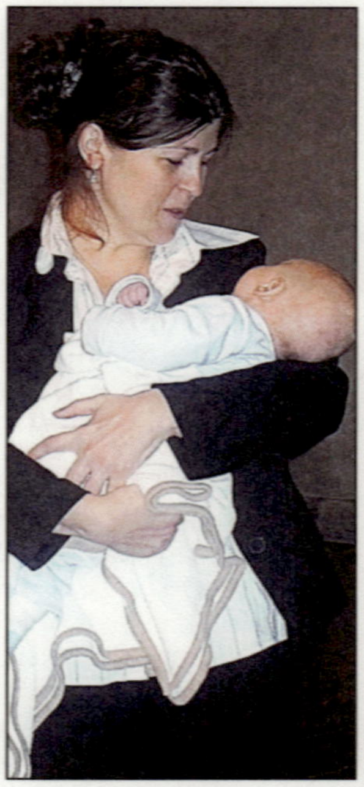

▲ Erschlagen: die 38-jährige Bettina G. (am Foto mit ihrem kleinen Sohn).

Der 44-jährige Gerhard Pucher

Krone-Chronik April 2011

- Wegen läppischer 20 Euro kommt es in einer Reihenhaus-Siedlung in Wien-Donaustadt zu einem tödlichen Nachbarschaftsstreit. Ein 49-Jähriger schießt seinen ehemaligen Freund (36) an und richtet sich danach selbst.
- Terroranschlag bei Europas letztem Diktator Alexander Lukaschenko: Bei zwei Bombenexplosionen in der wichtigsten U-Bahn-Station der weißrussischen Hauptstadt Minsk gibt es 12 Todesopfer und 150 Verletzte.
- Amoklauf in einem niederländischen Einkaufszentrum: Mit einer Maschinenpistole erschießt der 24-jährige Tristan van der Vlis – er ist Mitglied bei einem Schützenverein – sechs Menschen, bevor er sich selbst eine Kugel in den Kopf jagt.
- Ausgerechnet der Klagenfurter Thomas Koch, der kommende Saison fix wieder für den KAC spielt, schießt seinen Klub Salzburg im alles entscheidenden 7. Spiel zum Eishockey-Meistertitel.

Waltraut Haas & Erwin Strahl: Mustergatte stirbt mit 82 Jahren

Unzertrennliches Paar vom Tod getrennt

Seit 1966 waren Erwin Strahl und Waltraut Haas ein unzertrennliches Paar und Stammgäste auf dem Society-Parkett. Die Bühnenkarriere des gebürtigen Wieners begann nach dem Reinhardt-Seminar in Klagenfurt. Strahl spielte in mehr als 60 Filmen – unter anderem „Auf der Reeperbahn nachts um halb eins“. Dem TV-Publikum war er vor allem aus der Erfolgsserie „Hallo – Hotel Sacher . . . Portier“ bestens bekannt.

In Schule gemobbt: Doppel-Selbstmord!

Paige Moravetz übernachtet in Marshall (US-Staat Minnesota) bei ihrer besten Freundin Haylee Fentress: Am nächsten Morgen findet Haylees Mutter die Leiche der beiden 14-Jährigen: Die Mädchen hatten sich erhängt, weil sie in ihrer Schule von ihren Mitschülern gemobbt wurden. „Anzeichen für ihre Verzweiflung gab es genügend, doch niemand schenkte ihnen Beachtung“, so eine Cousine.

***Der Mode-Zar** Karl Lagerfeld verrät in einem Interview mit der deutschen „Bild am Sonntag“ einen seiner größten Wünsche. Obwohl selbst homosexuell, begehrt der exzentrische Kunstbaron etwas, das sich insgeheim vielleicht auch viele Heteros wünschen: Zar Lagerfeld möchte nämlich nichts anderes, als die blonde Versuchung Veronica Ferres einmal nackt zu fotografieren. Ob der 76-Jährige, der sich übrigens offen gegen die Homo-Ehe ausspricht und niemals einen älteren Liebhaber akzeptieren würde, von Ferres erhört wird, bleibt vorerst ein Geheimnis. Ebenso professionell wie Veronica als „Buhlschaft“ in Salzburg brillierte, schweigt sie zum „Zaren-Wunsch“.*

Kriminalisten mit den Drogenkoffern im Wert von 80 Millionen €

105 Kilo Rauschgift kommen als Luftfracht zu uns

Kokain-Schmuggler mit Privatjet aus der Karibik

Es ist der drittgrößte Kokain-Aufgriff in Österreichs jüngster Kriminalgeschichte: In St. Niklas (Kärnten) wird ein Rauschgifthändler mit 105 Kilo „Koks“ gestoppt. Dreiste Schmuggler brachten das Kokain im Wert von 80 Millionen Euro mit einem gecharterten Privatjet von der Karibik über Nizza nach Salzburg.

„Obwohl die Drogenbande noch im letzten Augenblick umdisponiert und die Landung des Kokain-Jets von Salzburg nach Stuttgart verlegt hat, konnten wir den Dealern auf den Fersen bleiben“, so Ermittler Christian Voggenhuber. Denn in der „Porsche-Stadt“ laden die Rauschgifthändler ihre heiße Fracht in sieben Koffer, um dann per Auto Richtung Salzburg weiterzufahren.

Dennoch verlieren die Kriminalisten die siebenköpfige Bande, die mit zwei Limousinen unterwegs ist, nicht aus den Augen. In Kärnten erfolgt der Zugriff. Die sieben Drogenschmuggler werden verhaftet und ihre sieben Drogenkoffer im Millionenwert sichergestellt.

Pleitier (50) tötet Ehefrau sowie seine vier Kinder im Schlaf und taucht unter:

Vater löscht eigene Familie aus!

Weil er seinen beruflichen Misserfolg offenbar nicht mehr ertragen kann, bereitet ein Agenturchef aus Nantes (Frankreich) seiner Frau (48) und seinen vier Kindern ein grauenhaftes Ende: Mit einem Gewehr samt Schalldämpfer erschießt das Familienoberhaupt alle fünf im Schlaf. Dann steckt er die Leichen in Säcke und verscharrt sie. Bis das Verbrechen entdeckt wird, ist der Killer bereits untergetaucht.

Unter Mordverdacht: Familienoberhaupt & Pleitier Xavier D. In diesem Haus findet man fünf Tote.

Den Schulen der drei Kinder im Teenageralter teilt Xavier D. mit, dass diese ihm – ihrem Vater – wegen eines plötzlichen Arbeitswechsels nach Australien gefolgt wären. Vor seinem Verschwinden hatte der erfolglose Geschäftsmann, der seine Pleite nicht eingestehen konnte, erklärt, er sei ein Geheimagent für die US-Drogenpolizei und müsse bald als Zeuge vor Gericht.

Tatsächlich hatte er das Verbrechen penibel geplant. So wurde er Mitglied eines Schießklubs, wo er sich über Schalldämpfer informierte. Dann kaufte er Jutesäcke, Zement, Kalk und Schaufeln ein. Als von einer strenggläubigen Mutter erzogener Katholik erkundigte er sich via Internet über „Tier- und Menschenopfer".

Noch vor seiner Bluttat vertraut Xavier D. einer Geliebten an: „Niemand wird mich finden!" Zudem scheint es noch einen unerfüllten Traum gegeben zu haben: Auch sein Vater hatte Frankreich hoch verschuldet verlassen – und sich nach Afrika abgesetzt . . .

Tot: Arthur (21)

Ehefrau Agnes

Ermordet: Anne

Tot: Thomas (18)

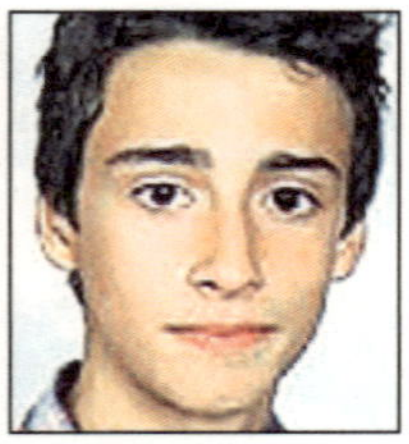

Getötet: Benoit

__Rentier-Rennen__ haben Ende April im äußersten Norden Europas Hochsaison: Der lange und ebenso harte Winter geht zu Ende, es gibt aber, wie unser Foto aus Inari in Finnisch-Lappland zeigt, noch genug Schnee für die traditionellen Bewerbe. Die kräftigen, begehrten Tiere ziehen dabei Skiläufer mit bis zu 70 Stundenkilometern über die weiße Strecke.

Aufatmen bei den ÖBB

Kupferdiebe von Polizei verhaftet

Aller guten Dinge sind bekanntlich drei. Und als die frechen Kupferkabeldiebe Mitte April zum dritten Mal innerhalb von 48 Stunden an derselben Stelle der ÖBB-Südbahnstrecke in Mürzzuschlag (Steiermark) zur Tat schreiten, werden sie bereits von der Polizei erwartet: Zwei Männer und eine Frau – allesamt ungarische Staatsbürger – werden als unverfrorene Buntmetalldiebe verhaftet. Der Schaden für die ÖBB: 100.000 Euro.

Die Hochzeit des Jahres: Königlich und

Kate & William:

Catherine, neue Herzogin von Cambridge, am Arm ihres Vaters

▲ *Queen Elizabeth flankiert von Schwiegertochter Camilla (re.) und Kates Mutter Carole – Tausende säumen Londons Straßen.* ▼

Unzählige Zaungäste versammeln sich vor dem Buckingham-Palast, um einen Blick auf den romantischen Hochzeitskuss zu erhaschen.

volksverbunden ● Der Prinz heiratet eine Bürgerliche und macht sie zur Herzogin

Ein Traum, der die ganze Welt rührt

Hochzeit des Jahres! – Der 29. April 2011 geht in die Geschichtsbücher ein: Englands Prinz William heiratet die bürgerliche Catherine Middleton in der Westminster Abbey – und macht sie so zur Herzogin von Cambridge. Weltweit verfolgen zwei Milliarden Menschen die Traumhochzeit mit Herz, zutiefst gerührt ob der spürbaren aristokratischen Volksverbundenheit.

„Du schaust toll aus, Baby, es ist fantastisch", murmelt Prinz William (28) seiner 29-jährigen Braut zu, als er sie zum ersten Mal in ihrem wunderschönen Brautkleid vor dem Altar sieht. Und zu Michael Middleton, Kates Vater, meint er ironisch-entschuldigend: „Es sollte eigentlich nur ein kleines Familienfest werden!"

Diese Einsichten verdanken wir von der britischen Presse engagierten, gerichtlich vereidigten Lippenlesern. Sie sehen auch, wie der schon beim Einzug in die Westminster Abbey sichtlich angespannte Trauzeuge Prinz Harry seinem weit ruhigeren Bruder bei Kates Ankunft zuraunt: „Endlich ist sie da." Dabei gibt es nie Grund für die Nervosität: Die Trauung von William Arthur Philip Louis, Zweiter in der britischen Thronfolge, mit Miss Catherine Middleton verläuft, wie Hunderttausende Zaungäste in London und zwei Milliarden Menschen vor den TV-Geräten weltweit sehen können, wie am Schnürchen.

Es gibt auch nur ein einziges kleines „Hoppala": Der Bräutigam hat Mühe, den Ehering über Kates Finger zu streifen. Er war kurz vor der Hochzeit enger gemacht worden, weil die Braut so stark abgenommen hatte.

Und dann der Kuss. „So kurz, so cool, so schön", wie Starkolumnistin Marga Swoboda live von der „royalen Märchenstunde" aus London berichtet, „der Kuss ist einfach die Krönung. Er hat einen Zauber wie die zarten grünen Bäume, die aus steinerner herzloser dunkler Vergangenheit in der Westminster Abbey dem Paar entgegenwachsen. Der Kuss heißt Happy End und Anfang. Und Liebe und Witz. Und Gold und Edelsteine des Lebens heißt er . . ."

▲ *Der Kuss, der die Welt rührte, lässt die einzige winzige Panne beim Anstecken des Ringes rasch vergessen. Danach fahren die Frischvermählten im offenen Cabriolet ihrer Zukunft entgegen.* ▼

400.000 Zuschauer feiern 32.542 Marathon-Sportler:

Wiener Lauffest als Spektakel

▲ *Rot-Kreuz-Helfer mit Segways begleiten Wunderläufer Gebrselassie (li.). Er triumphiert beim Halbmarathon.*

Der 28. Vienna City Marathon wird zum Spektakel der Superlative: 400.000 (!) Zuschauer feiern 32.542 Läufer und liegen Wundersportler Haile Gebrselassie zu Füßen – er pulverisiert einen Streckenrekord.

Der Äthiopier fliegt zu seinem 38. Geburtstag im Halbmarathon zu einer Topzeit von 1:00:18 und schwärmt über Wien: „Das ist ab heute mein Lieblingskurs! Die Fans sind fantastisch. Das Ziel vor dem Sitz des Bundespräsidenten ist einmalig."

Während Kenia als Läufernation „Nr. 1" einen historischen Achtfacherfolg über die volle Distanz erringt, kann Gebrselassie einen Triumph auf einer ganz anderen „Lebensstrecke" aufweisen. „Als Botschafter der von Karlheinz Böhm gegründeten Hilfsorganisation ‚Menschen für Menschen' setzt er sich für die Ärmsten der Armen in Äthiopien ein", so Redakteur Matthias Mödl. Er begleitete den Laufstar auf seiner Zeitreise in dessen Heimat.

Freischaltung des Netzwerkes als neue „Waffe"

Endlich! Facebook-Zugriff für alle unsere Polizisten

Gleichsam als Abschiedsgeschenk bietet Innenministerin Maria Fekter allen Polizisten Österreichs die Möglichkeit, „Facebook" als modernes Instrument zur Kriminalitätsbekämpfung zu nutzen: Künftig steht das weltbekannte Internet-Netzwerk allen Beamten offen. Initiator Generalmajor Lang dazu: „Eine neue Waffe!"

Da vor allem organisierte Banden verstärkt auf technische Aufrüstung setzen, soll auch unsere Exekutive bei der Verbrecherjagd gewappnet sein. „Bei ermittlungstaktischen Ansätzen hat Facebook mit seinen zwei Millionen Österreichern bereits einen enormen Stellenwert erlangt", so „Facebook"-Generalmajor Gerhard Lang vom Bundeskriminalamt.

Egal ob bei Sonderfahndungen, im Präventionsbereich oder bei der Kommunikation mit Jugendlichen, bietet das Netzwerk die Chance, schneller und zielgenauer agieren zu können.

„Facebook"-Präsentation von Ministerin Maria Fekter & BKA-Stratege Gerhard Lang

Vater tötet Sohn bei 4. Alko-Fahrt

Obwohl am Osterwochenende 2011 die Zahl der Verkehrstoten die niedrigste seit Beginn der Aufzeichnungen ist, trauert ein ganzer Ort in Kirchberg ob der Donau (OÖ) um einen Elfjährigen: Peter muss bei der vierten (!) Alko-Fahrt seines Vaters (40) sein Leben lassen. Der Mann hatte sich mit 1,8 Promille wieder hinters Steuer gesetzt.

Haiti-Kinder für Sex verschleppt

Einen internationalen Pädophilen-Ring sprengt die Berliner Polizei: Die Bande hat gezielt Kinder aus Lateinamerika, der Bebenzone in Haiti und dem Karibikraum nach Deutschland geschmuggelt, um sie hier an zahlungswillige Kinderschänder zu vermitteln. Am Flughafen München werden zwei „Kinder-Schlepper" festgenommen.

Krone-Chronik April 2011

- Wissenschafter stellen fest, dass die von Brüssel zwangsverordneten Energiesparlampen einen Cocktail krebserregender Substanzen absondern – während des Betriebs! Bei Bruch tritt Quecksilber aus.
- Neues „Wasser-Zeitalter" im Wiener AKH: Für „normale" Patienten gibt es kein teures (74.000 Euro im Jahr) abgefülltes Nass mehr. „In diesen Genuss kommt nur noch die Sonderklasse", so FPÖ-Stadtrat David Lasar.
- Mit Hannes Rauch als Parteigeneral fährt die ÖVP ein schweres Geschütz auf: Der Tiroler Politologe (39) ist einer der härtesten und mit allen Wassern gewaschenen Strategen der jungen Garde.

18 Todesopfer in Marokko

Islamisten jagen Café in die Luft!

Blutiger und gezielter Terroranschlag auf das touristische Herz der malerischen Wüstenstadt Marrakesch: Islamisten zünden im beliebten und weltberühmten Urlauber-Café „Argana" eine Bombe: 18 Menschen, unter ihnen etliche Touristen, werden in den Tod gerissen, mehr als 20 Menschen verletzt. Der „Platz der Gaukler" zählt auch bei Urlaubern aus Österreich zum Marokko-Highlight.

__„Nonne Neubauer"__ beim Papst. TV-Star Christine Neubauer ist zur Osterzeit im ORF-Zweiteiler „Gottes mächtige Dienerin" als Ordensschwester Pascalina zu sehen, die 40 Jahre lang an der Seite des späteren Papstes Pius XII. wirkte. In der Karwoche wird sie von Papst Benedikt XVI. zu einer Generalaudienz eingeladen. Dabei überreicht die ebenso charmante wie beliebte Deutsche ihrem Landsmann, dem Heiligen Vater, eine DVD des Films.

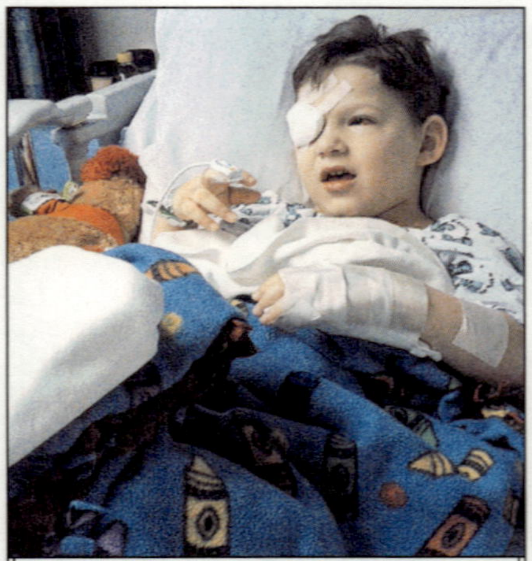

__Das falsche Auge__ wird bei einem Buben aus Portland (US-Staat Oregon) operiert! Da er schielt, sollte der vierjährige Jesse Matlock (Foto) unters Messer. Doch seine Ärztin führt den Eingriff irrtümlich am linken Auge durch und operiert, als sie den fürchterlichen Fehler bemerkt, ohne zu fragen, auch noch das richtige Auge des Buben.

Monatelanges Martyrium von vier Wiener Geschwistern

Spital deckt Sozialdrama auf: Kinder gefesselt vor TV gelegt

Herzzerreißendes Sozialdrama in Wien-Ottakring: Ein Paar fesselt seine vier Kinder im Alter von zehn Monaten bis vier Jahren und stellt die Kinderwagen mit den Kleinen täglich stundenlang vor dem Fernsehgerät ab: Die Kinder sind unterentwickelt, selbst der älteste Bub kann kaum sprechen.

„Schwestern des Wiener Wilhelminenspitals geben den entscheidenden Hinweis, dass die erschütternde Kindes-Vernachlässigung in Ottakring beendet werden kann", berichtet „Krone"-Redakteur Richard Schmitt.

Was sind das für Eltern? Haben diese Menschen ein Herz aus Stein? Das fragen sich auch die Mitarbeiter der Magistratsabteilung 11 des Jugendamtes der Stadt Wien.

So meint Jugendamtssprecherin Herta Staffer, die bereits bei vielen Fällen mitgelitten hat: „Wir konnten das anfangs gar nicht glauben: Die Kinder waren in dieser Ottakringer Wohnung fixiert, regelrecht festgezurrt. Direkt vor ihren Gesichtern lief die Flimmerkiste."

Offensichtlich haben der arbeitslose Vater und die ebenso beschäftigungslose Mutter seit Monaten ihre Kinder so „betreut".

„Der älteste, viereinhalbjährige Bub ist auf dem geistigen Niveau eines Zweijährigen. Er kann kaum sprechen. Auch seine erst dreieinhalbjährige Schwester hat schwere Entwicklungsstörungen. Sie kann nicht gehen!", so Herta Staffer.

Dass die Kleinen dem Paar mit Migrationshintergrund wieder zurückgegeben werden, ist praktisch auszuschließen. Gegen die Rabeneltern wurde Anzeige erstattet.

Fatale Liebe bis in den Tod ● Schuldspruch nach „Sex-Mord" ● Student (23) muss

200 Messerstiche für hübsche

Mutter Irmgard vor dem Grab ihrer Tochter Stefanie (kleines Bild)

Es ist wohl der Prozess des Jahres: Auf der Anklagebank im Wiener Landesgericht sitzt „Milchgesicht" Philipp Korotin. Der Student (23) soll seine Geliebte Stefanie Pagels (21) mit 200 Messerstichen bestialisch getötet, ihre Leiche zerstückelt und in Müllcontainer geworfen haben. Obwohl der Student schwört, „dass ich es nicht getan habe", lautet das einstimmige (nicht rechtskräftige) Urteil: Lebenslange Haft und Einweisung in eine Anstalt für geistig abnorme Rechtsbrecher.

Philipp Korotin und seine . . .

Wenige Tage vor Verhandlungsbeginn gibt Steffis Mutter Irmgard Pagels der „Krone" ihr erstes und einziges Interview. Dabei spricht die Angestellte über die Abgründe hinter der Milchbubi-Fassade: „Bei einem Foto auf seinem Handy posiert er vor einer Leiche im Obduktionssaal, fährt sich vor einem Spiegel durchs Haar. Wie um zu sagen, ich bin Herr über Leben und Tod!" Jetzt will sie „ihm beim Prozess in die Augen schauen".

In der Verhandlung kommt es dann zu einer dramatischen Konfrontation. Auch Steffis Schwester Julia

Posieren als Liebespaar vor der Kamera: Philipp und Steffi.

. . . vielen Gesichter, die er . . .

. . . bei der Verhandlung zeigt

Niederösterreicher auf Philippinen getötet:

Rachemord an Kokosnuss-Händler

Eiskalter Mord an einem ausgewanderten österreichischen Unternehmer und zweifachen Familienvater auf den Philippinen. Nach einem Geschäftsstreit wird der 38-jährige Kokosnuss-Plantagen-Besitzer auf offener Straße durch mehrere Schüsse hingerichtet. Der Racheengel – ein Einheimischer – wird kurz nach der Bluttat verhaftet.

Falsche Jahreszahlen, dürftige Definitionen:

Staatsbürgerschafts-Test fehlerhaft

Wie Historikerin Andrea Stangl aufdeckt, schleicht sich im Antworten-Katalog für den heimischen Staatsbürgerschaftstest der „Fehlerteufel" ein. In der Lernunterlage für die Prüfung wimmelt es geradezu von Ungenauigkeiten, dürftigen Definitionen, falschen Jahreszahlen und ungeprüften „Wikipedia"-Infos aus dem Internet.

lebenslang in Haft:

Steffi!

(17) muss aussagen. Obwohl Philipp Korotin (Verteidiger Ernst Schillhammer) auf „Nicht schuldig" plädiert – er will geschlafen haben und beim Aufwachen wäre Steffi schon tot gewesen – und eine ominöse dritte Person ins Spiel bringt, folgen die Geschworenen eindeutig den Argumenten von Staatsanwalt Hannes Wandl. Richterin Sonja Weis verkündet dann die Höchststrafe.

Barca-Star Messi auf Europas Thron

Riesenjubel beim argentinischen „Zauberfloh" Lionel Messi. Der Super-Dribbler erklimmt mit Barcelona als beste Klubmannschaft erneut Europas Thron. Im Finale der Champions-League im Londoner Wembley-Stadion feiert der spanische Traditionsverein mit 3:1 gegen Manchester United einen sicheren Sieg. Das Spiel ist eine Machtdemonstration des Teams rund um den bescheidenen Trainerstar Josep Guardiola. Lediglich in den ersten Minuten der Partie kann Manchester mithalten, dann übernehmen die Katalanen komplett das Kommando. Mit traumwandlerischer Sicherheit beim Kurzpassspiel lässt das schon seit der Jugend über Jahre zusammengespielte Barca-Mittelfeld Wayne Rooney & Co. kaum Luft zu atmen. Die internationalen Sportkommentatoren überschlagen sich jedenfalls mit Lobeshymnen. Barcelona scheint an einem normalen Tag fast unschlagbar.

Affäre mit Haushälterin samt unehelichem Sohn fliegt auf

„Terminator" in Bedrängnis: Eheaus für Schwarzenegger

Im Film schafft er sich als „Terminator" die Gegner reihenweise vom Leib – doch privat gerät Ex-Gouverneur Arnold Schwarzenegger gehörig in Bedrängnis: Als seine jahrelange Affäre mit der Haushälterin der Familie samt geheimem Sohn auffliegt, reicht Ehefrau Maria Shriver nach 25 Jahren die Scheidung ein!

Nach dem Ablauf seiner Amtszeit an der politischen Spitze Kaliforniens hat sich unsere 64-jährige „steirische Eiche" sein Leben als Privatmann so wohl nicht vorgestellt. Denn besonders Zeitungen in den USA überschlagen sich nach Bekanntwerden der Promi-Scheidung mit Enthüllungen.

Im Mittelpunkt steht die langjährige Haushälterin Mildred Patricia Baena. Der Grund: die Ex-Angestellte der Familie ist die Mutter des heute 13-jährigen unehelichen Sohnes von Arnold Schwarzenegger! In einem Interview offenbart die 50-Jährige intime Details. So sei die erste Reaktion von Sohn Joseph, als er erfahren habe, dass Arnold Schwarzenegger sein leiblicher Vater ist, das Wort „cool" gewesen. Und bei der Konfrontation mit der betrogenen Ehefrau hätten sich beide an den Händen gehalten und geweint . . .

Shriver und Schwarzenegger wollen sich jedenfalls das Sorgerecht für die vier gemeinsamen Kinder teilen. Die Scheidung dürfte dem Ex-Gouverneur mehr als 200 Millionen Dollar kosten.

„Patty" Baena mit Sohn Joseph

Eheaus nach 25 Jahren: Arnold Schwarzenegger und Maria Shriver

Kein Kontakt zu Kind

Schmerzensgeld nach Trennung

Richtungsweisendes Urteil des Obersten Gerichtshofes in Österreich: Erstmals wird einem Vater, dem nach der Trennung von der Mutter seines Sohnes der Kontakt zum Kind verwehrt wurde, Schmerzensgeld zugesprochen. „Mir geht's nicht ums Geld, sondern ums Prinzip", so der klagende Wiener Arzt Kamil Maarfia im Gespräch mit „Krone"-Redakteur Alex Schönherr. Jetzt könnte eine Klagsflut drohen.

Die spektakuläre Strand-Rettungsaktion für Jung-Schwimmstar Maly (kl. Bild)

Heimischer Jung-Star in Florida gerettet

Schwimmer (19) versinkt am Strand im Treibsand!

Wer anderen eine Grube gräbt, fällt selbst hinein – oder muss aus dem Treibsand gerettet werden! So wie im Fall unseres Schwimm-Talents Jakub Maly am Strand in Florida . . .

Der Burgenländer gilt als eines der größten Talente im heimischen Schwimmsport. Bei einem Trainingslager in den USA macht der 19-Jährige allerdings außerhalb des Wassers Schlagzeilen. Der junge Mann geht nach dem Training mit Freunden zum Strand in Pompana-Beach in Florida. Dort gräbt er ein Loch – mit fatalen Folgen. Denn nachdem Jakub Maly hineingesprungen ist, versinkt er bis zum Oberkörper im zähen Treibsand und rutscht immer tiefer. Erst nach einer stundenlangen Rettungsaktion können ihn Helfer herausziehen. Der geschockte Sportler: „Ich war begraben und hatte Panik."

Krone-Chronik Mai 2011

- Großschlag gegen den Tierschmuggel auf dem Wiener Flughafen: Zollbeamte können 74 Papageien-Eier aus Jamaika im Millionenwert – versteckt in Keksschachteln und einer Kokusnuss – sicherstellen. Dagmar, Harry, Bellinda & Co. schlüpfen dann im Tiergarten Schönbrunn.
- Neue Posttarife sorgen in ganz Österreich für Verwirrung. Ab Mai verlangt der gelbe Riese für klassische Briefe um sieben Cent mehr. Zudem wird nicht mehr nach Gewicht, sondern nach Volumen verrechnet.
- Bergdrama am 55. Geburtstag: Nina Aloisia Raffelsberger stürzt beim Abstieg vom Zwillingskogel in Oberösterreich rund 400 Meter in den Tod.
- Bei einem Frontal-Unfall im Waldviertel (NÖ) sterben drei Menschen. Der britische Ex-Golfprofi John Carnegie rast in das Auto des Pensionisten-Ehepaares Heinrich und Annemarie Bäcker.

Österreichs Goldkehlchen im Finale des Gesangswettbewerbs in Düsseldorf

Song Contest: „Nadine-Mania"

Die hübsche 21-jährige Nadine Beiler aus der kleinen Tiroler Ortschaft Inzing sorgt mit einer großen Stimme beim Eurovision Song Contest im deutschen Düsseldorf für Begeisterung in der Heimat. Schlussendlich wird es ein 18. Platz.

Nach sechs Jahren steht Österreich neben 24 anderen Ländern endlich wieder im Finale des Eurovision Song Contest. Auch „Krone"-TV-Redakteur Stefan Weinberger fiebert – so wie 120 Millionen Menschen – vor dem Fernseher mit. Und mit ihrer gefühlvollen Ballade „The Secret is Love" legt das kleine Goldkehlchen einen großen Auftritt hin. Doch das langatmige Voting bringt wie immer wenig Überraschendes: die befreundeten Staaten schanzen einander die Punkte zu. „Der 18. Platz kann der ‚Nadine-Mania' in der Heimatgemeinde Inzing aber keinen Abbruch tun", weiß „Krone"-Redakteur Manuel Diwosch.

Klarer Sieg mit 221 Punkten vor Italien: Ell/Nikki aus Aserbeidschan

Österreichs 21-jähriges Goldkehlchen Nadine Beiler legt mit einer gefühlvollen Ballade einen fulminanten Auftritt beim Song Contest hin.

RÜCKBLICK AUF **Cannes**

VON ELISABETH SEREDA

Ein Hauch von Hollywood weht bei den 64. Filmfestspielen im französischen Cannes. Auch die internationale Jury unter Vorsitz von Robert de Niro bietet glanzvolle Namen auf. Als beste Schauspieler werden heuer Kirsten Dunst für „Melancholia" und Jean Dujardin für seine Darstellung in „The Artist" (oben rechts) ausgezeichnet. Die „Goldene Palme" erhält der Film „The Tree of Life" mit Brad Pitt und Sean Penn in den Hauptrollen. Mit 1700 eingegangenen Vorschlägen für den Wettbewerb werden mehr Leinwandstreifen als im vergangenen Jahr eingereicht, die Filmkrise scheint überwunden. Wie immer sind auch die Abendkleider wie hier von Sängerin Cheryl Cole (links) ein Hingucker. Für einen Eklat sorgt der dänische „Melancholia"-Regisseur Lars von Trier. Nachdem er bei einer Pressekonferenz „Verständnis für Adolf Hitler" zeigt, wird ihm die Akkreditierung entzogen und er vom Festival ausgeschlossen.

Mädchen wird regelrecht skalpiert ● Tapfere Amelie überlebt die Hunde-Attacke

Rottweiler springt über Zaun und beißt Kind (4) ins Koma

Dramatische Hunde-Attacke auf ein kleines Mädchen am Muttertag in Wals bei Salzburg! Die vierjährige Amelie Reifberger wird von einem Rottweiler ins Koma gebissen. Nach einem mehrwöchigen Krankenhausaufenthalt kann das tapfere Mädchen wieder lachen.

„Amelie hat Angst vor Hunden, machte einen großen Bogen um sie. Nur zu ‚Chester', dem Dackel unseres Nachbarn, hatte sie Vertrauen", schildert Mutter Anna Reifberger (29), Karate-Vizeweltmeisterin, im Gespräch mit „Krone"-Redakteur Gernot Huemer. Beim Spielen im Garten mit „Chester" springt ein Rottweiler über den Gartenzaun und skalpiert die Vierjährige regelrecht. Ihr Bruder Sebastian kann entkommen.

Nach dem Angriff wird das Tier eingeschläfert. Für das Mädchen beginnt aber eine Tortur mit mehreren schweren Operationen. Doch bei einem Kurzbesuch zu Hause nach 23 Tagen im Spital ist der weiße Verband um den Kopf der tapferen Amelie das einzige äußere Zeichen der dramatischen Beißattacke. Die seelischen Wunden dürften freilich viel tiefer gehen.

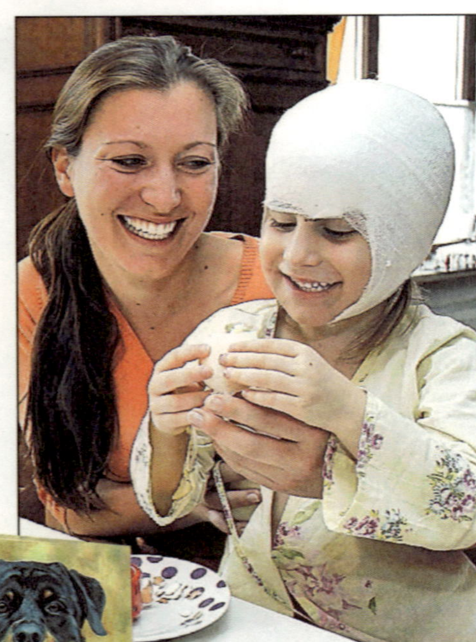

Amelie und ihre Mutter Anna können wieder lachen.

Schelte von Bankchef

Österreichs Politiker: „blöd, faul und feig“

Österreichs Top-Banker Andreas Treichl sorgt mit einem „Blöd-faul-feig“-Sager über die heimische Politik für Aufregung. Der Erste-Chef entschuldigt sich später für „Pauschalverurteilungen“.

Mit seinen Aussagen spaltet Andreas Treichl das Land und sorgt für tagelange Diskussionen. Schützenhilfe aus der Wirtschaft kommt etwa von Airline-Chef Niki Lauda oder STRABAG-Boss Hans-Peter Haselsteiner. Selbst Nationalbank-Gouverneur Ewald Nowotny sieht „einen wahren Kern“ in der Politikerschelte. Einen ordentlichen Rüffel gibt es hingegen von Bundeskanzler Werner Faymann. Die Banken müssten bei Risiken, die sie selbst eingehen, „die Suppe auch selbst auslöffeln“. Nachdem sich die Wogen geglättet haben, holt die Regierung den Erste-Bank-Chef schließlich in einen „Wirtschaftsrat“.

Politikerschelte: Erste-Bank-Chef Andreas Treichl

▲ *Während Sturm über den Meisterteller jubelt, sorgen die Rapid-Turbulenzen mit der Entlassung von Trainer Peter Pacult (re.)* ◄ *und dem Platzsturm der Fans für Wirbel.*

Spannendes Fußballjahr ● Pacult entlassen, Fan-Platzsturm:

Meistertitel für Sturm durch Rapid-Turbulenzen im Abseits

Die heurige Fußballsaison geht mit einem zweifachen Paukenschlag zu Ende: Während die Jungtruppe von Sturm Graz den Titel vor Favorit Salzburg holt, sorgt der Wiener Traditionsverein Rapid mit der Trainerentlassung und einem Platzsturm der Fans für Aufregung.

Im Traditionsderby gegen die Austria entlädt sich nach dem zweiten Tor der Violetten der Zorn der grün-weißen Fans. Der Platzsturm der Rapid-Anhänger auf dem „heiligen Rasen“ des Hanappi-Stadions sorgt für einen Spielabbruch und eine 0:3 Strafverifizierung. Außerdem muss Rapid ein Geisterspiel vor leeren Tribünen austragen und erhält eine hohe Geldstrafe. Zuvor sorgt schon die Entlassung von Trainer Peter Pacult wegen angeblicher Geheimgespräche mit Salzburg-Financier und Red-Bull-Chef Dietrich Mateschitz bei einem Wiener Heurigen für Aufregung. Pacult klagt seinen Ex-Verein – und heuert bei Red Bull Leipzig in Deutschland an . . .

Da gerät fast der sportliche Aspekt der heurigen Fußballsaison ins Abseits. Überraschend holt sich Sturm den Meisterteller. Neben dem Zweiten Salzburg (auch Trainer Huub Stevens fliegt) und Austria als Drittplatziertem spielt auch Ried als Cupsieger in der Europa League.

Riesen-Anti-AIDS-Benefizspektakel

Luft und Liebe am Life Ball in Wien

Stelldichein der Stars beim größten weltweiten Anti-AIDS-Spektakel in Wien. Unter dem Motto „Luft und Liebe" ist das bunte Treiben für den guten Zweck um und im Rathaus wieder ein voller Benefizerfolg. Mit dabei in der langen Promi-Liste unter anderem: Stammgast US-Ex-Präsident Bill Clinton, Brooke Shields, Janet Jackson, Brit-Model Kiera Chaplin und, und, und . . .

Farbenpracht und Stars wie Janet Jackson sowie US-Ex-Präsident Bill Clinton beim Life Ball.

Nirgendwo sonst in Österreich ist die VIP-Dichte so groß wie an diesem schrillen Abend. Mittendrin auch „Krone"-Adabei-Lady Karin Schnegdar. Neben den vielen Stars tanzten aber auch – beschwingt unter den gigantischen Flügeln der beeindruckenden Rathaus-Kulisse – Engel, Götterboten und andere Himmelswesen über den roten Teppich. Diesmal spielt gegenüber dem Vorjahr auch das Wetter mit.

Nach der glamourösen Modeshow der kanadischen Designer-Zwillinge von Dsquared ging die lange Party-Nacht dann drinnen weiter. Gesammelt und gespendet im Kampf gegen AIDS wurde aber auch fleißig. Und der Life Ball endete auch heuer mit einem Rekordgewinn: Der Erfinder und liebende Vater Gerry Keszler darf sich über fast zwei Millionen Euro freuen!

***Mit diesem spektakulären** Mittelalter-Schatz strahlt Barbara Neubauer vom Bundesdenkmalamt um die Wette. Ein Hausbesitzer aus Niederösterreich stößt beim Bau eines Biotops auf die 153 Ringe, Spangen, Schnallen und Gefäßteile aus vergoldetem Silber und Edelsteinen. Bis zu seiner Entdeckung hat der sensationelle Fund mehr als 650 Jahre unter der Erde geschlummert.*

Geheime Blitzhochzeit von Wiens Bürgermeister samt Kuss im Rathaus! An seinem Arbeitsplatz gibt Michael Häupl (61) im kleinen Kreis seiner 48-jährigen Herzdame Barbara Hörnlein

Häupl sagt im Rathaus „Ja"

– die Fachärztin für Innere Medizin leitet seit vier Jahren als Ärztliche Direktorin das Wilhelminenspital – im „Steinernen Saal" das „Ja"-Wort. „Natürlich ist der Herr Bürgermeister etwas nervös, das ist doch jeder Bräutigam", verrät noch unmittelbar vor der Trauung einer seiner Mitarbeiter mit einem Augenzwinkern.

▲ *In Handschellen: Weltbankchef Dominique Strauss-Kahn wird nach einer angeblichen Sex-Attacke auf ein Zimmermädchen im New Yorker Sofitel-Hotel verhaftet.* ▶

Kein Strafprozess in USA – aber Strauss-Kahn stürzt über Hotel-Zimmermädchen:

Sex-Skandal um Weltbankchef

Ein Zimmermädchen stürzt den wohl mächtigsten Banker der Welt! Nach einer angeblichen Sex-Attacke im Sofitel-Hotel in New York klicken für IWF-Chef Dominique Strauss-Kahn (62) die Handschellen. Obwohl es letztlich zu keiner Anklage wegen versuchter Vergewaltigung in den USA kommt, tritt der Franzose zurück.

So sehen *Siegerinnen aus! Die erst 15-jährige Alina Pirkebner aus Salzburg ist das „Gesicht des Jahres 2011". Beim großen Model-contest-Finale von „Kronen Zeitung" und der Fashion-Zeitschrift „Style up your life!" in dem prächtigen Innenhof von Palais Kinksy in der Wiener Innenstadt holt sich die bildhübsche Schülerin mit den Maßen 81-57-87 den Titel.*

Was genau in der Luxus-Suite 2806 passiert ist, darüber gehen die Angaben weit auseinander. Das im westafrikanischen Guinea geborene Zimmermädchen (32) spricht von Missbrauch. „Ich habe mich zweimal angekündigt, dachte, das Zimmer sei leer. Plötzlich stand ein grauhaariger Mann nackt vor mir. Ich entschuldigte mich, doch er sagte, ich sei schön, riss mich aufs Bett. Er war wie ein Verrückter", so die 1,82 Meter große Nafissatou Diallo.

Doch für Strauss-Kahn, der noch im Flugzeug nach Paris am New Yorker Flughafen verhaftet wird, war es freilich „einvernehmlicher Sex". Und für seine Anwälte ist klar, dass die Hotelangestellte mit ihrer Geschichte nur Geld machen will. Tatsächlich soll die 32-Jährige bei ihren Aussagen gegenüber den US-Behörden mehrmals gelogen haben.

Schließlich kommt der noch im Gefängnis zurückgetretene Weltbankchef gegen Kaution frei, Wochen später wirft dann der Staatsanwalt hin: keine Anklage!

Doch neben einem Zivilprozess in Amerika droht dem 62-Jährigen auch über dem Atlantik in seiner Heimat Frankreich ein peinliches Verfahren. Die Journalistin Tristane Banon erstattet ebenfalls Anzeige wegen versuchter Vergewaltigung.

Zeigen Banker an: Diallo . . .

. . . und Tristane Banon (32)

Kronen Zeitung UNABHÄNGIG

„Seerin" gewinnt bei ORF-Tanzshow:

Astrid ist die neue „Dancing Queen"

Auch die heurige ORF-Tanzshow „Dancing Stars" ist wieder ein Quotenhit. Siegerin wird Astrid Wirtenberger. Die hübsche blonde „Seer"-Sängerin triumphiert im Finale mit Tanzpartner Balázs Ekker. Die Silbermedaille geht an Ex-Skistar Alexandra Meissnitzer.

„Du schwebst wie eine Prinzessin übers Parkett", schwärmt Jurorin Nicole Burns-Hansen, selbst ehemaliger Profi, über Hobby-Tänzerin Astrid Wirtenberger. Vor den Augen von „Krone"-TV-Redakteurin Susanne Heinrich erhält die „Seer"-Sängerin von allen Jurymitgliedern die Höchstnoten. Dieser Meinung schließen sich auch die Zuschauer an. Und küren die 42-Jährige zur Siegerin. Da hilft Alexandra Meissnitzer auch keine fulminante Einlage mit Skiern über die Showtreppe hinunter. Bei so viel Frauenpower hat der türkisch-stämmige Schauspieler Mike Galeli keine Chance und scheidet schon vor dem Finale aus.

▲ Strahlt: „Dancing Queen" Astrid Wirtenberger mit Partner Balázs Ekker. Eine sehr gute Figur auf dem Tanzparkett liefert auch Ex-Skistar Alexandra ◄ Meissnitzer mit Florian Gschaider ab.

Absturz auf Westbahn

Zwei Tote fordert dieser Absturz bei wolkenlosem Flugwetter am Grießenpass in Leogang an der Grenze zwischen Salzburg und Tirol. Ein Leichtflugzeug vom Typ Pioneer 200 streift laut Augenzeugen mehrere Baumwipfel, kracht dann in die Oberleitung der Westbahn – und geht in einem Feuerball auf den Gleisen auf! „Im Wrack der Maschine sterben der 47-jährige Pilot und seine Begleiterin. Sie waren in Bayern zu einem Rundflug gestartet", berichtet „Krone"-Redakteurin Melanie Hutter vom Unglücksort. Die Flugunfallkommission ermittelt.

US-Eliteeinheit tötet

● „Navy-Seals"-Kommando stürmt Haus in Pakistan
● Die Leiche von Al-Kaida-Anführer im Meer versenkt

Was dahinter steckt

VON ERNST TROST

Zuschauen

Sie sind live dabei, schauen zu und sehen auf der Videowand jedoch nur das Gesicht des CIA-Chefs Panetta. Aber der übermittelt dem Präsidenten und seinen engsten Mitarbeitern jeden Schritt des Sonderkommandos, so, wie es ihm direkt in einem ununterbrochenen Nachrichtenstrom aus Osamas „Festung" in Pakistan gemeldet wird.

Höchste Anspannung, Konzentration, Sorge, wohl auch Angst, dass etwas schiefgehen könnte, all das ist Barack Obama ins Gesicht geschrieben. Die Hand vorm Mund soll ihm wohl helfen, die innere Balance zu wahren. Denn er kann jetzt nichts mehr tun, nicht mehr eingreifen, kein „Zurück" kommandieren. Die Entscheidung für den Einsatz hat der Präsident bereits am letzten Freitag getroffen. In langen Sitzungen waren alle Möglichkeiten durchgesprochen worden, einschließlich sämtlicher negativer Szenarien. Danach gönnte sich Obama noch 16 Stunden des Nachdenkens, bis er grünes Licht für den Helikopter-Angriff gab.

Dann im Situation Room des Weißen Hauses sind Macht und Ohnmacht nahe beieinander, bis zu Panettas erlösendem „EKIA" – Enemy killed in Action (Feind im Kampf getötet). Die Bilder erinnern an die Fotos von der Kuba-Krise 1962, wie da die beiden Kennedy-Brüder mit ihren Ministern und Beratern hemdsärmelig zusammensitzen und harren, wie die sowjetischen Schiffe auf die Blockade der Insel reagieren würden. Das waren Stunden, in denen ein Atomkrieg am Horizont stand. Damals wie heute ging es um Tod und Leben . . .

▲ In diesem Haus wird Bin Laden (li.) vom US-Kommando im Bett mit seinen Frauen (unten) überrascht und erschossen.

Sie sind die härteste Kampfeinheit der Welt: die amerikanischen Elitesoldaten der „Navy Seals"

Terrorchef Osama bin Laden

Triumph für US-Präsident Barack Obama: Fast zehn Jahre nach dem Terrorangriff vom 11. September stürmen US-Elitesoldaten ein Haus in Pakistan und erschießen Osama bin Laden! Der Al-Kaida-Chef lebt jahrelang unbehelligt in der Garnisonstadt Abbottabad unweit einer Militärakademie. Die Leiche des Terrorpaten wird von einem Flugzeugträger im Arabischen Meer versenkt.

Nicht eine Höhle im Grenzgebiet zu Afghanistan, sondern ein zweistöckiges Nobelanwesen mitten in der pakistanischen Militärstadt Abbottabad ist das Versteck des in Amerika meistgehassten Mannes. Aus Sorge, aufgespürt zu werden, gibt es in dem Komplex weder Telefon- noch Internetanschluss. Osama bin Laden kommuniziert nur über Boten. Doch genau das Verhalten dieser Kuriere bringt schließlich den US-Geheimdienst auf die Spur des Terrorpaten.

Am frühen Morgen des 2. Mai pakistanischer Zeit gibt Präsident Obama schließlich den Angriffsbefehl. Ein US-Spezialkommando der „Navy Seals“ landet mit zwei Hubschraubern. In einem kurzen Feuergefecht wird die Wachmannschaft getötet, dann dringen die Soldaten durch zwei gesprengte Löcher in der Außenmauer ein. Osama bin Laden (54) wird im Schlafzimmer im Obergeschoß überrascht. Weil sich der Al-Kaida-Chef nach amerikanischen Angaben wehren will, treffen ihn zwei Kugeln in Kopf und Brust tödlich.

Danach wird die Leiche des Terrorpaten (DNA-Tests bestätigen seine Identität) auf einen Flugzeugträger gebracht und im Arabischen Meer versenkt. „Der Hintergrund ist einleuchtend. Die USA wollen vermeiden, dass islamische Fanatiker zur ‚heiligen Ruhestätte eines Märtyrers pilgern‘“, analysiert „Krone“-Außenpolitikexperte Christian Hauenstein.

Während die Menschen von Washington bis New York nach der Todesnachricht jubeln, kommt es in Pakistan zu wütenden Protesten. Weltweit wächst nun die Sorge vor Racheanschlägen des Terrornetzwerkes.

▲ *Bange Blicke vom US-Präsidenten und dessen Stab: Im „Situation Room“ wird der Einsatz live übertragen. Nach der Todesnachricht brandet in den USA Jubel auf.* ▼

▲ *Während es in Pakistan zu wütenden Protesten kommt, findet Al-Kaida rasch einen Nachfolger: den 60-jährigen ägyptischen Kinderarzt Ayman al-Zawahiri.* ◀

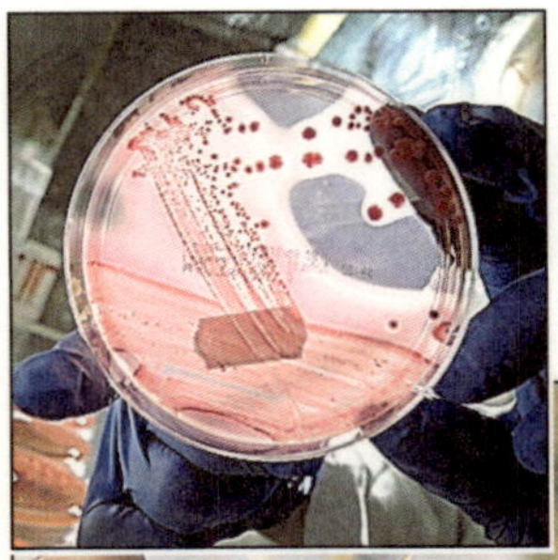

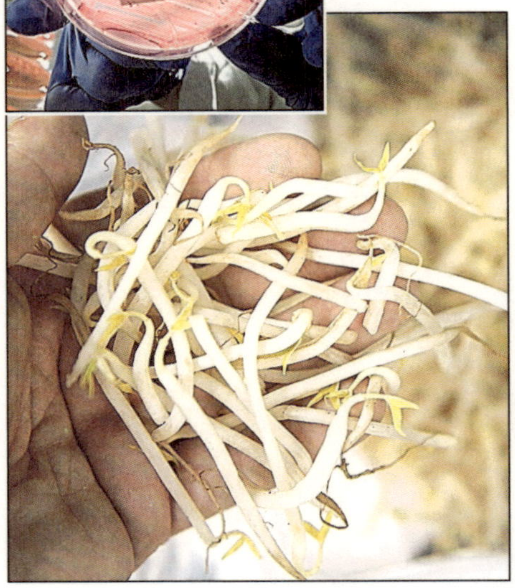

▲ *Verdächtigt: Sprossen. Auch Tonnen von Gurken müssen vernichtet werden.* ▼

Rätsel, welches Lebensmittel Krankheit überträgt ● Dutzende

EHEC-Erreger hält Europa

Nach der Vogel- und Schweinegrippe hält nun der EHEC-Virus Europa in Atem! Die durch gefährliche Lebensmittelkeime auf Menschen übertragene Krankheit sorgt vor allem bei unserem Nachbarn Deutschland für regelrechte Panik. Bis zum Abebben der Epidemie zählen dortige Gesundheitsexperten mehr als 50 Tote. Der Auslöser bleibt allerdings unentdeckt.

▲ *„Es ist ein Krimi", so die neue Gesundheitsdirektorin für öffentliche Sicherheit, Pamela Rendi-Wagner, zum EHEC-Erreger.*

Werden zuerst spanische Gurken (durch den Fehlalarm kommt es zum „Handelskrieg" mit Deutschland) verdächtigt, sind es dann Sprossen – und schließlich gilt ägyptischer Bockshornkleesamen als wahrscheinlichster Auslöser der EHEC-Epidemie. Doch da ist es für die Gemüsebauern auch in Österreich schon zu spät.

Durch die Warnungen müssen Tonnen von guten Nahrungsmitteln vernichtet werden, weil die Käufer aus Angst nicht mehr zugreifen – ein riesiger Schaden. Schließlich bekommen unsere unverschuldet zum Handkuss gekommenen Landwirte 2,2 Millionen Euro Entschädigung, europaweit sind es sogar mehr als 220 Millionen.

Während in Deutschland durch den seltenen E-Colibakterien-Stamm Tausende an der lebensbedrohlichen Darmentzündung erkranken, ist die Situation hier bei uns weitgehend unter Kon-

Rohregger-Teamkollege

Giro-Todessturz schockt Radwelt

Der Giro d'Italia trägt Schwarz! Thomas Rohreggers Leopard-Teamkollege Wouter Weylandt kommt bei einer rasanten Abfahrt wenige Kilometer vor dem Etappenziel mit dem Rad zu Sturz. Der vierte Todesfall in der Geschichte der italienischen Rundfahrt ist eine Tragödie. „Krone"-Redakteur Stefan Burgstaller: „Die Freundin des 26-Jährigen erwartet ihr erstes Baby." Das Leopard-Team steigt darauf aus der Tour aus.

In Rekordzeit, *nämlich nur sechs Jahre nach seinem Tod, wird Papst Johannes Paul II. von seinem Nachfolger im Petrusamt, Benedikt XVI., seliggesprochen. Eine Million Pilger verfolgen die Feierlichkeiten in Rom, Abermillionen den live übertragenen festlichen Gottesdienst vom Petersplatz im Fernsehen.*

Tote in Deutschland

in Atem

trolle. Gesundheitsdirektorin Pamela Rendi-Wagner ist das schöne Gesicht zur Krise. Umsichtig koordiniert die Mutter zweier Töchter Maßnahmen gegen die „Gemüse-Seuche". Im Gespräch mit „Krone"-Redakteurin Nadia Weiss zwischen Obst- und Gemüseständen auf dem Wiener Karmelitermarkt beruhigt die Professorin: „Auch meine Kinder essen weiterhin Tomaten und Gurken. Heimische Produkte kaufen und auf Küchenhygiene achten ist der beste Schutz."

Krone-Chronik Mai 2011

- Einen Tag nach seiner spektakulären Flucht aus einer psychiatrischen Klinik wird der Taximörder vom Bodensee gefasst. Die Polizei rammt Andrej Welz vom Fahrrad.
- Skandal um einen verhafteten Sex-Täter in Niederösterreich. Der als falscher Lehrer auftretende „Herr Magister" war vor Jahren von der Justiz wegen Platzangst laufen gelassen worden.
- Schwere Vorwürfe gegen die NATO: Das Militärbündnis soll ein Flüchtlingsboot vor der Küste Libyens ignoriert haben. Das Schiff treibt tagelang auf offener See, 61 Menschen verhungern und verdursten.
- Tapferkeit und Mut beweisen 14 Mitglieder der Feuerwehr Göpfritz/Wild in Niederösterreich. Als sich während eines Einsatzes dreiste Einbrecher im Bauernhof eines Kollegen zu schaffen machen, rücken die „Helden des Alltags" aus und stellen die vier Litauer mit Schaufeln und Brecheisen.

Der „ewige Playboy" in einem Nachtklub – natürlich mit „Playboy-Häschen".

Fotos eines Lebemanns: Sachs sammelte Frauen – (re. unten) mit Ex-Frau Bardot – und Bilder.

Lebemann erschießt sich in Chalet aus Angst vor Alzheimer:

Playboy Gunter Sachs ist tot!

Er war der Inbegriff des Playboys – doch die Angst vor einer „ausweglosen" Alzheimer-Erkrankung mit einer rapiden Verschlechterung seines Gedächtnisses treibt Lebemann Gunter Sachs in den Tod. In seinem Schweizer Chalet greift der 78-Jährige zur Pistole.

Mit einem Schuss in den Kopf beendet Gunter Sachs ein bewegtes Leben. Ein Leben, in dem sich der Erbe der Kugellager- und Motorenwerke Fichtel & Sachs als „Deutschlands einziger Playboy" stets mit attraktiven Frauen umgeben hat. So sorgten etwa seine Affäre mit der persischen Ex-Kaiserin Soraya und dann seine Ehe mit Filmdiva Brigitte Bardot für Schlagzeilen.

Nach den „wilden Jahren" wurde Gunter Sachs in der dritten Ehe mit dem schwedischen Model Mirja Larsson ruhiger. Er begann nicht mehr schöne Frauen, sondern Kunst zu sammeln. Auch entdeckte er seine Leidenschaft zur Fotografie. Sachs' Werke werden weltweit ausgestellt.

Doch die Angst vor Alzheimer treibt den 78-Jährigen schließlich in den Freitod. „Der Verlust der geistigen Kontrolle über mein Leben wäre ein würdeloser Zustand, dem ich mich entschlossen habe, entschieden entgegenzutreten", schreibt Gunter Sachs in seinem bewegenden Abschiedsbrief.

▲ *Anklage gegen den Diktator Gadafi. Vergewaltigungsopfer Iman al-Obeidi flüchtete.* ▶

Schwere Vorwürfe gegen Libyens Diktator Muammar Gadafi

Viagra für Vergewaltigungen!

Ungeheuerliche Vorwürfe gegen Muammar Gadafi werden vom Internationalen Gerichtshof bestätigt: Der libysche Tyrann ließ containerweise Viagra sowie andere Potenzmittel einführen und an seine Soldaten verteilen mit dem perversen „Brutalo-Auftrag", die Frauen der Regimegegner massenweise zu vergewaltigen!

Massenvergewaltigungen, so der Chefankläger des Internationalen Gerichtshofes in Den Haag, Luis Moreno-Ocampo, vor der UNO in New York, seien für Gadafi ein Mittel der Politik. Ziel sei es, den Gegner systematisch zu demütigen und zu demoralisieren, um die Front zu schwächen: „Es ist eine Taktik von ihm." Und: Es gibt eindeutige Beweise, dass Gadafi selbst beschlossen hat, sexuelle Gewalt als Strafe für vermutete Regimegegner einzusetzen.

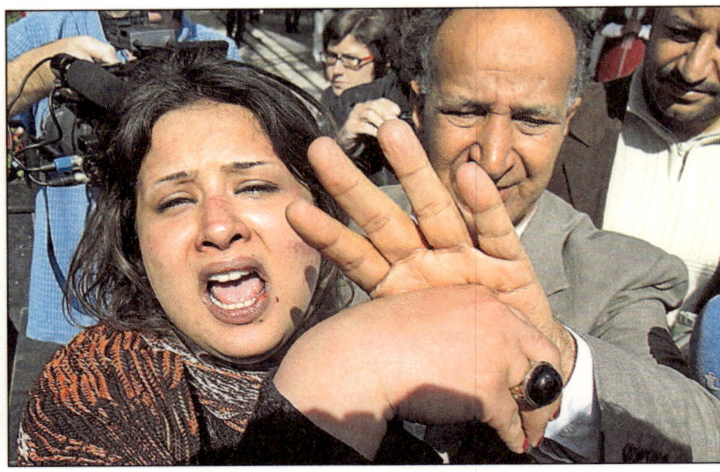

Dem bekanntesten Opfer von Gadafis Vergewaltigungsirrsinn, Iman al-Obeidi, gelingt unterdessen die Flucht in die USA. Die junge Frau wurde international bekannt, als sie im März in Tripolis in ein Hotel stürmte und westlichen Journalisten erzählte, von 15 Gadafi-Schergen missbraucht worden zu sein. Vor laufenden Kameras wurde sie von Geheimdienstleuten weggezerrt – internationale Reporter, die sie beschützen wollten, wurden verprügelt.

Nach 16 Jahren auf der Flucht endlich verhaftet

Balkan-Schlächter Mladić wird an die UNO ausgeliefert

Seine Festnahme bestätigt, was immer schon behauptet worden ist: Der frühere Militärchef der bosnischen Serben, für die Abschlachtung von mehr als 8.000 Zivilisten verantwortlich, hatte sich während seiner Flucht immer auf Freunde in der Armee verlassen können.

Im Jahr 2009 wurde er sogar im Militärspital von Belgrad operiert und erhielt anschließend drei Monate lang eine Chemotherapie.

Nach seiner Verhaftung wird der Balkan-Schlächter von der serbischen Hauptstadt per Hubschrauber nach Den Haag geflogen. Zuvor durfte er noch das Grab seiner Tochter besuchen, die sich als 24-jährige Medizinstudentin aus Gram über die Untaten des Vaters erschossen hatte. Seine Verbrechen: ethnische Säuberungen, Beschießung von Sarajevo (gegen Zivilisten, 10.000 Tote), Geiselnahme von 200 UN-Soldaten als lebende Schutzschilde und das Massaker von Srebrenica: mehr als 8000 Todesopfer.

Ratko Mladić will die Anklage nicht hören. Er sagt: „Monströs, widerwärtig."

Steuervorteile für Natur, Tiere, Feuerwehr & Kirche

Eine Art Freudenkundgebung bringt der Abschluss der Regierung beim „Semmering-Gipfel". Kanzler und Vizekanzler freuen sich nicht nur über sinkende Arbeitslosenzahlen, sondern auch über höhere Einnahmen aus Lohnsteuer (628 Mio. €) und Bankenabgabe (148 Mio. €). Zudem beschließt die Regierung weitere Steuervorteile für Umwelt, Tiere, Feuerwehren und die Kirche.

***Spirituelles Tanztheater** auf der Bühne, feiner Staub in der Luft & dröhnende Rhythmen im Raum. So skizziert Kultur-Redakteur Oliver A. Láng die Akram Khan Company, die beim ImPuls-Festival in der Wiener Museumsstraße mit dem Programm der spirituellen Reise „Vertical Road" begeistert.*

Blutiges Mord-Drama auf Landwirtschaft im niederösterreichischen Mostviertel:

„TV-Bauer" ersticht Geliebte

„Ich suche eine liebenswerte Frau, die bis ans Ende meines Lebens an meiner Seite bleibt", erklärt Alfred Tippelreiter (44) in der ersten TV-Staffel von „Bauer sucht Frau". Doch an der Seite seiner neuen Freundin will er nur bis zum Rest ihres Lebens bleiben. Dem setzt er Anfang Juni ein Ende – und richtet sich danach selbst.

Es ist Mittag, als der 14-jährige Sohn des Ex-„Bauer-sucht-Frau"-Stars die grausige Entdeckung macht. Auf dem Küchenboden des Bauernhofes in Göstling an der Ybbs liegt Cornelia L. (45), die deutsche Geliebte seines Vaters. In einer Blutlache – tot. Ob Kopf, Rumpf, Arme oder Beine – ihr ganzer Körper ist übersät mit tiefen Stichwunden.

Starr vor Schreck läuft der Schüler ins Freie, schreit sich die Seele aus dem Leib und alarmiert dann die Rettung. Aber – es ist zu spät.

„Zehn Minuten später befindet sich auf dem ‚Schober-Hof' das größte Polizeiaufgebot, das die Gegend je miterlebt hat", so das „Krone"-Team Brigitte Blabsreiter und Franz Crepaz. Denn die Ermittler gehen davon aus, dass der Landwirt selbst diese Tat verübt hat und sich irgendwo auf dem Anwesen versteckt hält. Was sie zu diesem Zeitpunkt nicht wissen können – der Täter ist bereits tot: Der dreifache Vater liegt in einer Scheune, hat sich die Pulsadern aufgeschnitten und sich das Messer ins Herz gerammt.

Der Ort befindet sich im Schockzustand. Das Mitgefühl gilt vor allem den hinterbliebenen Kindern des Ex-TV-Lieblings. Die Leute sind sich einig: „Seine neue Freundin tat ihm nicht gut."

Fassungslos stehen die Familien aus der Nachbarschaft da und starren wie betäubt auf das Anwesen. „Der Fredl war in letzter Zeit nicht mehr der Fredl, den wir kennen", erzählt eine Frau. Sie will anonym bleiben. „Seit er die" – damit ist die Deutsche gemeint – „in seinem Leben g'habt hat, ist es bergab gegangen. Erst jagte sie die Schwiegermutter vom Hof, dann Fredls Tochter."

Niemand konnte damals ahnen, welche Folgen diese Liaison noch haben würde . . .

◄ Ermordet in diesem ▲ Bauernhof: Cornelia L. (45), deutsche Freundin des „Bauer-sucht-Frau"-Stars Alfred Tippelreiter – er erstach sie. ►

Krone-Chronik Juni 2011

- Fünf Jahre nach der Tat wird der Mörder der Kremlkritikerin Anna Politkowskaja in Tschetschenien verhaftet. Die Journalistin wurde in Moskau erschossen.
- Der Voestalpine-Konzern hat die Krise hinter sich gelassen: Im abgelaufenen Geschäftsjahr stieg der Umsatz um 28 Prozent auf fast elf Milliarden Euro – der zweithöchste in der Geschichte des Unternehmens.
- Um die Rente zu kassieren, versteckt ein Amerikaner aus Sun City zehn Jahre lang die Leiche seiner verstorbenen Frau in der Tiefkühltruhe. Nach dem Selbstmord von All Dunn (76) fliegt der Schwindel auf.
- Ein britischer Häftling darf hinter Gitter Vater werden. Seine Frau wird mit seinem Samen künstlich befruchtet, das staatliche Gesundheitssystem trägt die Kosten.

▲ Ali Salih flieht, nachdem er bei einer Revolte verletzt wurde – im Jemen bricht Jubel aus. ▶

Mit ausgelassenen Freudenfesten in eine ungewisse Zukunft

Jemeniten feiern die Flucht des Diktators Salih nach 33 Jahren

„Es ist vorbei, das Regime ist gestürzt! Heute ist ein neues Jemen geboren“, skandieren Tausende in der jemenitischen Hauptstadt Sanaa und vielen anderen Städten. Der Grund zum Feiern: Diktator Ali Salih hat nach 33 Jahren Schreckensherrschaft die Flucht ergriffen.

Salih setzt sich Anfang Juni in einer Nacht gemeinsam mit seinen beiden Frauen und mehreren seiner Kinder nach Saudi-Arabien ab. Er wurde zuvor bei einem Granatenangriff auf seine Palast-Moschee schwer verletzt. Im Militärspital von Riad wird ihm dann ein 7,5 Zentimeter langer Granatsplitter, der in der Nähe des Herzens in seiner Brust steckte, entfernt.

Doch während Tausende Jemeniten feiern und auf offener Straße Kühe und Schafe für Festmähler schlachten, wird an vielen Stellen des Landes weitergekämpft. Milizen und Stammeskrieger nehmen blutige Rache für die Toten während des monatelangen Aufstandes gegen Salih. Wie es weitergeht, bleibt vorerst ungewiss. Das Armenhaus Jemen gilt als gefährlichstes Rückzugsgebiet der Terror-Organisation Al Kaida.

***Frisch vermählt** lässt es sich Prinz William nicht nehmen, bei der Geburtstagsfeier seiner Großmutter in Uniform und mit der berühmten Bärenfellmütze als Oberst der Irish Guards zu debütieren. Während es für William eine Premiere ist, nimmt Queen Elizabeth in London die Parade „Trooping the Colour“ anlässlich ihres 85. Geburtstags bereits zum 60. Mal ab.*

Eine Niere für ein „iPad“ verkauft

Ein Chinese (17) verkauft eine seiner Nieren für ein „iPad“. Er bot das Organ übers Internet an und eine illegale Agentur zahlte ihm dafür 2300 €. Sofort erwarb der Schüler ein „iPad“ und einen Laptop. Als seine Mutter die Narbe entdeckt, fliegt das skurrile Geschäft auf.

Kronen Zeitung UNABHÄNGIG

Jörg Kachelmann kein Sex-Verbrecher!

Freispruch für den Wetter-Moderator

Aus Mangel an Beweisen spricht das Landesgericht Mannheim den deutschen Jörg Kachelmann vom Vorwurf der Vergewaltigung frei. Zum Teil „ungustiöse" Umstände haben das Ansehen fast aller Beteiligten ramponiert. Das Urteil macht den Wettermoderator nicht zum Sieger. Gewonnen hat nur eine: Justitia!

Nach 44 Verhandlungstagen ist einer der spektakulärsten Prozesse in der jüngsten Geschichte der Bundesrepublik zu Ende. Der Freispruch für Jörg Kachelmann löst wenig Emotionen aus. Der 52-Jährige nimmt das Urteil ohne sichtbare Reaktion auf. Auch Sabine W., die ihren Ex-Freund vor Gericht gebracht hat, wirkt nur anfangs gefasst. Erst als Richter Michael Seidling das Schlusswort verliest, bricht die Radiojournalistin (38) in Tränen aus. Kachelmann wurde im Zweifel für den Angeklagten freigesprochen.

„Wir entlassen Angeklagten und Nebenklägerin mit einem möglicherweise nie mehr aus der Welt zu schaffenden Verdacht: ihn als potenziellen Vergewaltiger, sie als potenzielle rachsüchtige Lügnerin", erklärt Seidling. Nach dem Urteil verlässt der Wettermoderator wortlos das Landesgericht.

Frauenrechtlerin Alice Schwarzer meint dazu: „Er kommt nicht ins Gefängnis, es bleibt alles offen . . ."

Schmunzelnd: Jörg Kachelmann

***Grapscherei** bei den MTV Movie Awards! Justin Timberlake löste schon 2004 mit Janet Jackson den Nippelgate-Skandal aus. 2011 geht er bei den MTV Awards Mila Kunis aus „Black Swan" an die Wäsche, die allerdings cool zurückgrapscht!*

◄ *Freundliches Bild von Gül & Plassnik – vor dem Veto.*

Ex-Außenministerin „provoziert" Gül:

Türkei legt Veto gegen Plassnik bei OSZE ein

In ihrer „diplomatischen" Art gelingt es Ex-Außenministerin Ursula Plassnik, Österreich um den Posten des OSZE-Generals zu bringen. Beim Besuch des türkischen Präsidenten Gül provoziert sie diesen derart, dass die Türkei ein Veto gegen die aussichtsreiche Kandidatin einlegt. Sie hatte nämlich das für die Türken absolute No-Go-Thema angesprochen: Den bis heute von ihnen geleugneten Völkermord an Hunderttausenden Armeniern während des Ersten Weltkriegs. Abdullah Gül stieg Zornesröte ins Gesicht.

Nach der fehlgeschlagenen OSZE-Kandidatur wird Plassnik als Österreichs Botschafterin in Frankreich akkreditiert.

„Eis-Baronin“ betoniert

● Bildhübsche Spanierin als Doppelmörderin unter Verdacht
● Ex-Mann & Ex-Freund getötet, zerstückelt und eingegossen?

▲ *Schaulustige vor dem Eisgeschäft „Schleckeria“ in Wien-Meidling. Die 33-jährige Besitzerin des Gelati-Salons gilt als Hauptverdächtige des Grusel-Krimis.*

Diese Treppe führt hinab in den Horrorkeller mit den Leichen.▼

Horror-Fund im Keller eines Wiener Eisgeschäftes! Bei Bauarbeiten stoßen Installateure auf ein „geheimes Grab“: zwei in Maurerwannen eingegossene Leichen. Während die Polizei ermittelt, setzt sich die verdächtige „Eis-Baronin“ ab. Sie steht unter Verdacht, beide Männer erschossen, zerstückelt und einbetoniert zu haben – nach 93 Stunden Flucht wird die 33-Jährige in Italien gefasst!

„Kommissar Zufall“ führt schaurige Regie, als zwei Bauarbeiter beim Aufbrechen eines Kellerabteils in der Oswaldgasse zuerst Präzisionsgewehre sowie eine Pistole und dann in Maurerwannen einbetonierte Leichenteile finden. In den Plastiktrögen liegen zwei Köpfe: also Doppelmord!

Kaum beginnen Ermittlungen, tritt die Besitzerin des angrenzenden Eissalons die Flucht an. Offenbar um eine falsche Spur zu legen, ruft „Eis-Baronin“ Estibaliz C. ein Taxi zum Flughafen. Die Polizei forscht nach. Tatsächlich hatte die 33-Jährige einen Flug nach

Arbeiter bringen die einbetonierten Leichenteile ins Freie. Vertreter Manfred H. (kl. Bd.) ist eines der Opfer, und Holger H., Exmann der Eis-Baronin, das zweite. ▼

Der Wiener Taxler Mustafa Senel bringt die Eis-Baronin bei ihrer Flucht 441 Kilometer bis Italien. Sie bittet: „Nicht rauchen, ich bin schwanger.“

2 Leichen im Keller ein!

Spanien gebucht, die Maschine aber nie betreten.

Denn in Wirklichkeit ist die mutmaßliche Doppelmörderin längst in einem anderen Taxi unterwegs. Und nicht nach Spanien, sondern Richtung Udine. Dort nimmt sich ein Straßenkünstler ein Herz und die verheulte Spanierin vom Bahnhof mit nach Hause.

Zurück in Wien erfährt der Taxler im Fernsehen vom Doppelmord. Da wird ihm klar: Jene Frau, die er 441 Kilometer nach Italien chauffiert hat, ist die per internationalem Haftbefehl gesuchte „Eis-Baronin"! Er alarmiert die Polizei. Im packenden Exklusiv-Interview schildert Mustafa Senel „Krone"-Ressortchef Thomas Schrems die aufregendste Taxifahrt seines Lebens: „Mulmig war mir schon zumute. Aber dass diese Frau wegen eines bestialischen Mordes gesucht wird, daran dachte ich nie. Was weiß ich – wie eine, die zwei Männer zerschneidet, hat sie nicht ausgeschaut. Aber wer weiß das schon."

Inzwischen hat auch der von „Krone"-Redakteur Thomas Leitner aufgespürte Straßenkünstler Ivan, der zwei gemeinsame Nächte mit Estibaliz verbracht hat, die Schlagzeilen gelesen. Und es dämmert ihm: Die Frau in seinem Bett ist offenbar eine Doppelmörderin. Er ruft die Polizei – Estibaliz' Flucht ist zu Ende.

Absolut nichts vom abgrundtiefen Doppelleben seiner Geliebten wusste ihr letzter Freund Roland R. „Ich kann es mir nicht vorstellen. Meine Menschenkenntnis ist weg", sagt er im Gespräch mit „Krone"-Reporter Michael Pommer.

Und trotz aller Vorwürfe hält der 47-jährige Vertreter weiterhin zur mordverdächtigen Geliebten – schließlich erwartet Estibaliz im Jänner das gemeinsame Baby.

▲ *Verschreckt, verschüchtert. Im Schwurgerichtssaal des Wiener Landesgerichts fühlte sich die Eis-Baronin sichtlich unwohl.*

Trotz allem steht Roland R., ▲ der letzte Freund von Estibaliz, zur werdenden Mutter. Hier bei ◀ ihrer Auslieferung aus Italien.

An diesem Wasserfall stürzt Gertrude D. (kl. Foto) in die Tiefe.

Touristen-Attraktion als Horrorfalle:

Beim Urlaubs-Foto in den Tod gestürzt

Schreckliches Urlaubsdrama bei dem bekannten Voringsfosse-Wasserfall in Norwegen: Beim Posieren für ein Erinnerungsfoto verliert die Oberösterreicherin Gertraud D. (61) den Halt und stürzt mehr als 170 Meter in die Tiefe. Es gibt keine Rettung mehr.

Wie viele Urlauber will sich auch das per Wohnwagen durchs Land tourende Paar aus Weyer (Oberösterreich) die beeindruckende Touristenattraktion nicht entgehen lassen: 183 Meter schießt hier das Wasser in die Tiefe. Ein Anblick, den Gertraud D. für die Lieben in der Heimat per Foto festhalten möchte.

Doch es kommt zur Tragödie: Die 61-Jährige verliert beim Posieren nahe am Abhang den Halt – und sie rutscht vor den Augen des entsetzten Gatten in die Tiefe. „Trotz sofortiger Alarmierung der Einsatzkräfte gibt es keine Rettung für die Österreicherin“, so Redakteur Johannes Nöbauer.

Nachdem Wettkandidat während Show

Unfall: Thommy

„Ein Schatten liegt auf der Sendung!“, so erklärt Gottschalk in der 193. Staffel von „Wetten, dass . . .?“, weshalb er nach dem tragischen Unfall des nun querschnittgelähmten Wettkandidaten Samuel Koch nicht weitermachen könne wie bisher. Bei der Sommersendung auf Mallorca moderiert er zum letzten Mal.

Am 4. Dezember des Vorjahres stürzte Samuel Koch (23) beim Versuch, mit Sprungstelzen über ein fahrendes Auto zu springen, das sein Vater lenkte: Er erleidet eine Querschnittlähmung. Die Sendung wird zum ersten Mal in ihrer 30-jährigen Geschichte abgebrochen, Thomas Gottschalk gibt danach seinen Rücktritt als Moderator bekannt.

Ein halbes Jahr später ist ist es sein fünftes und letztes „Wetten, dass . . .?“-Sommer-Special, mit dem sich der TV-Star aus der Stierkampfarena von Palma de Mallorca meldet. Erotischer Höhepunkt: ein Busenblitzer von Jennifer Lopez.

Doch so sehr es Thommy im Paarlauf mit Michelle Hunziker auch krachen lässt, viele Fragen rund um die Zukunft der Erfolgsshow bleiben offen. Zu seiner Entscheidung meint Gottschalk: „Als ich festgestellt habe, dass ein Mensch zu Schaden gekommen ist, der ein Leben lang gezeichnet ist, habe ich mich gefragt, ob ich weitermachen kann. Ich habe die Frage mit Nein beantwortet!“

Jennifer Lopez' Busenblitzer

Vier Frauen im kosovarischen Camp „Casablanca“ sollen

◀ KFOR-Kräfte bei einer Patrouille im Kosovo. Übergriffe auf die Bevölkerung am Balkan sind zum Glück äußerst selten. Der Verdächtige nützte sein Vertrauensverhältnis aus.

Horror-Sturz erleidet, beschließt TV-Star Gottschalk als Moderator aufzuhören

sagt Adieu zu „Wetten, dass…“

Berührend auch der erste öffentliche Auftritt von Samuel Koch (23). Er bedankt sich bei allen, die ihm Teilnahme zukommen ließen. Auf die Frage, ob er die Wette noch einmal machen würde, meint er überraschend: „Ja, unter den gleichen Voraussetzungen. Ich bin mindestens 500-mal über so ein Auto gehüpft.“ Trotz aller Schwierigkeiten habe er die Hoffnung nie aufgegeben!

Bei diesem Horror-Sturz zieht sich Wettkandidat Koch eine Querschnittlähmung zu.

Diplomaten in Österreich zahlen ihre Verkehrsstrafen praktisch nie

Wenn Diplomaten zu sehr aufs Gaspedal treten oder falsch parken, ist das offenbar völlig egal. Die meisten ihrer 2400 Strafmandate landen im Papierkorb! Laut Parlamentsanfrage führen Russland & Kasachstan die Hitliste der Zahlungsverweigerer an.

Opfer des 37-jährigen Kärntner Milizionärs geworden sein:

KFOR-Soldat als Vergewaltiger

Das Bundesheer erstattet Anzeige gegen einen 37-jährigen Kärntner, der seit Jahren Dienst im Kosovo macht. Der KFOR-Soldat soll im Camp „Casablanca“ seit 2009 vier Frauen vergewaltigt haben – der Milizsoldat wird vom Balkan in die Heimat zurückbeordert.

„Da er einen Verwaltungsposten innehatte, war dieser Soldat länger als üblich im Camp stationiert“, so Heeressprecher Oberst Michael Bauer. Während seines Dienstes hatte der Mann dann auch Kontakt zu seinen späteren Opfern geknüpft. Die Frauen waren als sogenannte „local workers“ für das KFOR-Kontingent zuständig.

Und dabei dürfte der Kärntner sein Autoritätsverhältnis schamlos ausgenützt haben. Nachdem sich der Verdacht erhärtet hatte, wurden sofort Befragungen durchgeführt und dann Anzeige bei der Staatsanwaltschaft erstattet.

Als erster Schritt wird der Soldat sofort zurückbeordert. Eines steht schon vor dem Gerichtsurteil fest: der Verdächtige wird nie wieder im Kosovo eingesetzt!

Gleichzeitig macht sich unter den Kameraden tiefe Betroffenheit breit: „Gerade wir Österreicher haben uns mit unseren Auslandseinsätzen einen guten Ruf und ein tiefes Vertrauen bei der Bevölkerung aufgebaut. Jetzt wurde viel zerstört“, so ein Soldat im Gespräch mit Redakteurin Serina Babka.

Krone-Chronik Juni 2011

- Vor Tunesiens Küste gerät ein mit 800 Flüchtlingen aus Libyen völlig überladener Fischkutter in Seenot. Bei der Bergung entsteht Panik und 270 Menschen kommen in den Fluten ums Leben.
- Der Weltverband sperrt den exaltierten Welser Tennisstar Daniel Köllerer (27) wegen Spielmanipulation lebenslänglich.
- Chrysler, immerhin drittgrößter US-Autokonzern, ist nun „Italiener“! Fiat kauft zu seinen 46%-Anteilen weitere 6% von der US-Regierung.
- Da er die elfjährige Jaycee Dugard verschleppt, 18 Jahre lang gefangen gehalten und missbraucht hat, wird der 60-jährige Phillip Garrido in San Francisco (USA) zu 431 Jahren Haft verurteilt.

„World Vision" schlägt Alarm:

158 Millionen Kinder schuften als Arbeiter

Egal, ob sie in Ziegelfabriken Lehmbrocken schleppen, auf Fischerbooten wie Sklaven gehalten werden oder auf Plantagen schuften müssen: Weltweit werden 158 Millionen Buben und Mädchen zur Arbeit gezwungen. „Die Kinder besuchen nie eine Schule und haben ohne Bildung keine Zukunftschance", erklärt Amanda Platzer, Geschäftsführerin von „World Vision Österreich". Deshalb fördert ihre Hilfsorganisation das Bildungswesen in den betroffenen Regionen mit Schulmaterial und Lehrerausbildung.

Kambodscha: Kinderarbeit in Ziegelfabrik

Drei der 27 Störche, die immer wieder die Einflugschneise in Zeltweg besetzt halten.

Zugvögel am Fliegerhorst lösen Sicherheitsfrage aus

Storchenjagd auf Rollfeld rettet Heeres-Flugshow

Generalstabsmäßig geplant präsentiert das Bundesheer am Fliegerhorst Zeltweg (Steiermark) sein Programm für die „Airpower 2011". – Trotz aller Perfektion über den Wolken macht den Flugprofis ein sehr irdisches Problem zu schaffen: hungrige Störche, die ausgerechnet die Einflugschneise zum Futterplatz erkoren haben.

Ein Sicherheitsrisiko! Damit die Zugvögel den erwarteten 300.000 Besuchern die Flugshow nicht vermiesen, setzt das Bundesheer Storchen-Experten ein. „Vergrämen!" heißt das Kommando. „Zuerst werden wir die Tiere mit Geschrei zu vertreiben versuchen. Sollte das nicht reichen, werden sich die Storchenjäger mit Trompeten, Knallkörpern etc. bewaffnen", so Siegfried Prinz, Naturschutzexperte aus Bruck an der Mur.

Die groteske Storchenjagd am Heeres-Flugfeld wird sogar zum Thema, das das Parlament beschäftigt. Grün-Mandatar Pilz richtet gleich neun Fragen an den Verteidigungsminister, um zu klären, ob „Meister Adebar" ein Risiko darstellt.

Schließlich gelingt es, die Zugvögel unter Kontrolle zu halten, dafür gibt es neue Eurofighter-Turbulenzen: Als Abschiedsgeschenk für einen Militärkommandanten donnerte ein Düsenjet im Tiefflug über St. Pölten.

In den Olymp bringt Dirk Nowitzki nach 13 Jahren endlich seine Dallas Mavericks. Denn so lange hat es gebraucht, bis der deutsche Basketballstar seinen US-Klub zum ersten NBA-Titel geführt hat. Er erzielt auch im letzten Spiel gegen Miami Heat 21 Punkte und sichert so den großen Sieg.

75% „kein Vertrauen“

Viele Junge glauben nicht an Pension!

Eine Umfrage bei Erwerbstätigen unter 30 Jahren beweist, dass drei Viertel aller jungen Österreicher nicht darauf vertrauen, vom Staat eine ausreichend hohe Pension zu bekommen. 65% rechnen gar mit weiteren Einschnitten! Wegen der großen Unsicherheit unter den Befragten sind schon zwei Drittel bereit, selbst in eine private Zusatzvorsorge einzuzahlen, so das Umfrageergebnis unter tausend Arbeitnehmern unter dreißig.

Der Fachverband der Pensionskassen fordert deshalb einen Ausbau und eine Förderung der Firmenpensionen. Derzeit haben 800.000 Beschäftigte eine Zusage für eine Firmenpension, etwa 10% beziehen eine.

Wirbel um „Kultur-Kopierer“. Einen Aufschrei der an und für sich besonnenen Hallstätter löst ein chinesisches Projekt aus: Das Weltkulturerbe Hallstatt soll in der Provinz Guangdong für ein Wohnprojekt nachgebaut werden. In allen Details! Seit Jahren waren chinesische Architekten in der Gemeinde, um Häuser zu vermessen. Auslöser für den asiatischen Kulturklau war übrigens eine Hallstätter Kussszene in einer koreanischen Seifenoper.

Gotteskrieger am Flughafen Schwechat gefasst:

Austro-Taliban wollte Jet in den Reichstag steuern

Schlag gegen die Islamisten-Szene auf dem Flughafen Schwechat (NÖ). Minuten vor dem Abflug Richtung Afghanistan nimmt das Bundesamt für Verfassungsschutz und Terrorismusbekämpfung drei Austro-Taliban fest – Mitglieder der deutschen Mujaheddin!

Das Extremisten-Trio wird in einer Kommandoaktion gefasst. Und bei der anschließenden Hausdurchsuchung fallen den Fahndern etliche bedrohliche Pläne in die Hände: Nicht nur dass die Verdächtigen seit Monaten Terrorcamps mit Geldüberweisungen und Sachgütern unterstützt haben, hatte der 25-jährige, zum Islam konvertierte Thomas Al J. auch noch einen mehr als teuflischen Plan ausgeheckt: Seit Monaten trainierte der Austro-Taliban am Flugsimulator, um einen Al-Kaida-Terroranschlag auszuführen.

Konkret wollte der Wiener einen voll besetzten Passagierjet in den Reichstag in Berlin steuern. Als Schaltzentrale diente dem Gotteskrieger offenbar seine Altbau-Mietwohnung in Wien-Fünfhaus. Interessant: Nachbar war dort der 2008 „wegen Bildens einer terroristischen Vereinigung“ zu einer Gefängnisstrafe verurteilte Al-Kaida-Anhänger Mohamed M.

Innenministerin Johanna Mikl-Leitner nimmt den Erfolg ihres Ressorts zum Anlass, um „mehr Investitionen in moderne Computer- & Überwachungstechnologie“ zu fordern.

▲ Terror-camps in Afghanistan waren das Ziel der verhafteten Extremisten. Ständige Kontrolle und Einsatzbereitschaft rund um die Uhr garantierten eine lückenlose Festnahme der drei Austro-Talibans. ▶

2,8 Millionen Fans beim größten Open-Air-Festival Europas

Die „Krone“ rockt die Insel

Drei Tage Megastimmung auf der Wiener Donauinsel mit Superstars und Action rund um die Uhr machen das „Inselfest“ einmal mehr zur coolsten Party ganz Europas. Insgesamt werden heuer mehr als 2,8 Millionen Besucher auf dem Festgelände gezählt.

Elf Bühnen, 600 Stunden Programm und 2000 Künstler! Das 28. Inselfest startet spektakulärer als je zuvor. Das Programm ist vielfältig und die größten Stars treten auf der „Ö3“-Bühne und in der „Krone“-Arena auf.

Dort machen Pop-Kaliber wie Sido, die Trackshittaz, die Söhne Mannheims, Train oder James Cottriall den Auftakt. Austro-Star Nadine Beiler verzaubert mit ihrem Songcontest-Hit „The Secret is Love“ die Massen und Poplegende Peter Cornelius sorgt für Insel-Melancholie. Italiens Hit-Gigant Umberto Tozzi wiederum lässt Frauenherzen höher schlagen. Kabarett mit Andreas Vitásek und Edlseer-Volksmusik runden das Festpotpourri ab.

Spaßkanone Andreas Vitásek bringt die Massen zum Lachen – und Poplegende Peter Cornelius sorgt für wehmütige Insel-Melancholie.

***Familienanschluss** bieten Pierre und Eliane Thivillon, Besitzer eines Tierparks im französischen Saint-Martin-la-Plaine, ihrer Gorilla-Dame „Digit“: Sie haben das von seinen Eltern verstoßene Baby aufgezogen und sehen auch jetzt in dem mehr als 100 Kilo schweren Affen eine Art großes Kind . . .*

Umfragen zum 17. Jahrestag der Volksabstimmung belegen:

Enttäuschung der Österreicher über EU so groß wie noch nie

Dass die EU die hohen in sie gesetzten Erwartungen nicht erfüllen kann, ist seit der Euro-Krise um Pleitestaaten wie Griechenland kein Wunder. Nun belegen aber Umfragen, dass die Enttäuschung der Österreicher über die EU alle Dimensionen sprengt – der Zweifel am europäischen Bündnis sitzt tief!

So erklären etwa 70 Prozent der Österreicher, dass unsere Interessen in der EU „viel zu kurz kommen“. Nur 39% meinen, wir sollten „mehr für die EU und den Zusammenschluss Europas tun“. Nur 22% glauben, dass die EU für uns trotz aller Kritik mehr Vorteile als Nachteile hat, und gar nur 19% fühlen sich „mehr und mehr als Europäer“.

„Dieser vernichtende IMAS-Befund hat seine Ursachen nicht zuletzt in den völlig konträren Auffassungen von Politikern und der Bevölkerung über die Rettung von Pleitestaaten à la Griechenland, die Problematik um die Abschaltung von AKWs und den Disput um den Zustrom von Asylanten aus Afrika oder Asien“, so „Krone“-Politikexperte Peter Gnam. Die Mitgliedschaft zur Union habe bei den Österreichern kein Gemeinschaftsgefühl geweckt, sondern eher eine Abwehrhaltung bewirkt.

Trauer um Inspektor Columbo

Sein schäbiger Staubmantel, der mit den Jahren immer grauer wurde. Sein schrulliges Auftreten, aber auch seine messerscharfen Ermittlungsansätze, die stets glosende Zigarre – all das machte die Figur des US-Detektivs „Columbo" weltberühmt. Jahrzehntelang verkörperte Schauspieler Peter Falk die bekannteste Krimi-Figur der Nachkriegszeit. 2003 zog er sich von der Leinwand zurück. Ende Juni stirbt er im Alter von 83 Jahren in seinem Haus in Beverly Hills.

Staatspleite der Griechen abgewendet:

Straßenschlacht vor Parlament in Athen!

Mit knapper Mehrheit billigt das griechische Parlament Ende Juni das Sparpaket. Das ist aber nur die erste Etappe zur Beilegung der griechischen Tragödie. Denn im Volk wird zur Sabotage der Sparbeschlüsse aufgerufen – und die Wut der Demonstranten entlädt sich in beispiellosen Straßenschlachten.

Athen – ein Hexenkessel: Schon in den Morgenstunden gelangen die Abgeordneten nur im Spießrutenlauf durch das Heer der Demonstranten zum Parlament zur Abstimmung über das Sparpaket. Sie werden beschimpft, bespuckt und mit Flaschen beworfen.

„Wir sind schon lange pleite, und ob der Staat pleitegeht, kann uns daher egal sein", rufen Demonstranten. In der Rache-Wut wird sogar das Finanzministerium in Athen angezündet. „Griechenlands Selbstmord ist vorerst abgewendet, aber der Patient will die Medizin nicht nehmen", so „Krone"-Redakteur Kurt Seinitz. Ein Experte in Athen: „Man hat das Gefühl, dass wir in einem halben Jahr das gleiche Drama erleben. Griechenland steht noch lange nicht auf eigenen Beinen." Falls auch dieses Sparpaket nur ein Schlag ins Wasser ist, muss die Euro-Milliardenhilfe an Griechenland auf eine Dauer von 30 Jahren umgeschuldet werden.

◄ *Die Polizei mit Schlagstöcken. Viele Opfer und noch mehr Wut auf den Staat.* ▲

Krone-Chronik Juni 2011

- Der US-Aufsichtsbehörde USNRC zufolge ist jedes dritte AKW in den USA wegen Schwachpunkten bei Technik und Notfallplänen mangelhaft – welche Meiler betroffen sind, wird allerdings nicht bekanntgegeben . . .
- Die Kriegskassen sind leer, die Nation ist kriegsmüde, Staatsfeind Osama bin Laden ist gekillt – und Wahlen stehen vor der Tür: Der ideale Zeitpunkt für US-Präsident Barack Obama, den Beginn des Truppenabzugs aus Afghanistan anzukündigen. 2014 soll die letzte Kampfeinheit zu Hause sein.

Allerletzter Teil des Kultfilmes als furioses Kino-Finale

Potter-Abschied auch in Wien

Es ist der finale Kampf zwischen dem den Kinderschuhen entwachsenen Zauberer-Studiosus Harry Potter (Daniel Radcliffe) und seinem Todfeind Lord Voldemort (Ralph Fiennes), der dieses letzte Kapitel beherrscht. „Harry Potter und die Heiligtümer des Todes II" ist eine nachtschwarze Ballade, die von gnadenloser Ausweglosigkeit, Martyrium und Abschied erzählt. Bombastischer Kulissenzauber täuscht das Auge perfekt – und 3-D verbrämt. Die Potter-Welt zerfällt und geht im Sieg des Guten unter. Pünktlich zur Geisterstunde läuft die Kult-Saga auch in Wien als definitiv letzter Harry-Potter-Film an.

Daniel Radcliffe verabschiedet sein Publikum als Jungmagier Harry Potter.

***Erneut Skandal** um Lady Gaga! Die exzentrischste aller Pop-Diven sorgt mit einem geschmacklosen Auftritt in der australischen Metropole Sydney wieder einmal für einen gewaltigen Wirbel. Die Sängerin kommt im Rollstuhl auf die Bühne – Fans sind schockiert, Behindertenverbände in aller Welt empört.*

Gutachten bestätigt seine Haftunfähigkeit ● Neue Untersuchung in 10 Monaten

Elsner nach 4 Jahren Haft frei!

Am 8. Juli ist es hochoffiziell – der Ex-BAWAG-General Helmut Elsner ist ein freier Mann. Vorläufig, denn die vom Gericht bestätigte Haftunfähigkeit soll in etwa zehn Monaten überprüft werden! Doch nicht nur deshalb ist die Freiheit eine begrenzte: Der kranke Elsner bleibt im Spital – und muss dann auf Rehabilitation.

◄ 2007 – Bilder, die mehr sagen als ein Gutachten. Jetzt will Elsner nur noch genesen – 2011. ▼

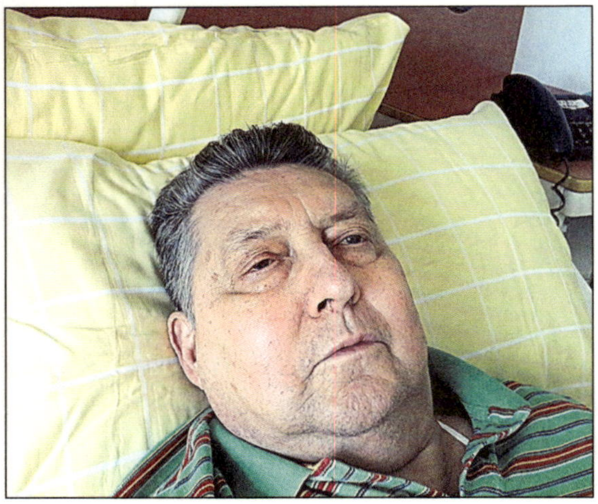

Helmut Elsner ist so schwer krank, dass eine Haft nicht mehr zu verantworten ist! Diese Entscheidung trifft Richterin Sonja Höpler-Salat. Der prominenteste Wirtschaftshäftling Österreichs ist also ein „freier" Mann – der aber wohl noch einige Zeit ans Spitalsbett „gefesselt" sein wird.

Über das Wohl seines bekanntesten Patienten wacht Professor Kurt Huber mit Argusaugen. Im Gespräch mit „Krone"-Redakteurin Gabriela Gödel gibt der Kardiologe vorläufig Entwarnung: „Herr Elsner hat eine ruhige Nacht verbracht, der positive Stress ist ja durchaus heilsam." Tatsächlich. Fünf Tage später verlässt Elsner heimlich, unbemerkt von der Öffentlichkeit, das Wiener Wilhelminenspital.

Weil die Entlassung so überraschend kam, wird er von einer Freundin der Familie abgeholt. Er sollte bald in eine Rehabilitationsklinik überstellt werden. Doch der Plan, in ein Schweizer Sanatorium zu fahren, scheiterte im letzten Augenblick, weil das nötige Reisedokument, der Pass, fehlte.

Elsners Ehefrau Ruth sieht die Enthaftung mit einem lachenden und einem weinenden Auge: „Mein Mann ist endlich frei, aber um welchen Preis? – Er ist schwer krank."

Die Stierhatz durch die Gassen im spanischen Pamplona fordert auch heuer Dutzende Verletzte. Bei der durch Ernest Hemingways Roman „Fiesta“ weltweit bekannt gewordenen Mutprobe dürfen sich die jungen Männer nur mit zusammengerollten Zeitungen „bewaffnen“.

Abgedunkeltes Bad

Schwimmen: Kurse nur für Muslimas!

Lange Zeit ein heruntergespieltes Thema, Anfang Juli liegt es schwarz auf weiß vor: „Krone“-Redakteur Alex Schönherr zeigt auf, dass in Wien im abgedunkelten Jörgerbad Schwimmkurse nur für muslimische Schülerinnen stattfinden. Es sind Mädchen, deren (radikale?) Eltern es nicht zulassen, dass sie mit andersgläubigen Kolleginnen Wassersport betreiben. Ob das die Integration fördert, darüber scheiden sich die Geister. Ohne dieses Angebot würden die Mädchen dem Schulsport fernbleiben, meint Bildungsstadtrat Christian Oxonitsch (SPÖ).

13-jährige Schülerin zerrt bewusstlose 130-Kilo-Frau ans Ufer

Italiens Medien feiern Wiener Mädel als „Heldin von Jesolo“

Einen riesigen Medienrummel löst eine 13-jährige Schülerin aus Wien in Italien aus: Alexandra Brey wird als „Heldin von Jesolo“ gefeiert. Denn die Urlauberin wurde am Adriastrand zur Lebensretterin! Eine 35-jährige Touristin trieb bewegungslos mit dem Kopf nach unten im Meer – die Jugendliche zog die 130-Kilo-Frau ohne Hilfe an Land.

◀ Alexandra Brey, 13-jährige Schülerin, beweist unglaubliche Zivilcourage.

Die 13-jährige Alexandra vergnügt sich gerade im seichten Wasser des bekannten und beliebten Urlauberstrandes von Jesolo, als sie eine leblos treibende Frau bemerkt. „Ihr Gesicht zeigte nach unten. Ich hab ganz laut geschrien, aber da kam keine Antwort“, schildert die Wienerin.

„Am Anfang sah es so aus, als würde sie nur einen Scherz machen. Ich hab sie schließlich gerüttelt – doch auch darauf reagierte sie nicht. Also schrie ich um Hilfe.“ Vergeblich – denn außer Alexandra scheint die äußerst brenzlige Sache niemanden wirklich zu kümmern.

„Ich hab ihr in den Arm gezwickt, sie getätschelt. Plötzlich hat sie die Augen aufgeschlagen“, so die 13-Jährige. Und weil sich noch immer keiner bequemt zu helfen, zieht das Mädchen die 130-Kilo-Frau selbst an den Strand. Wo auch „schon“ ein Bademeister zu Hilfe eilt.

Obwohl Alexandra als Heldin gefeiert und als Lebensretterin sogar vom Bürgermeister geehrt wird, bleibt sie bescheiden: „Das hätte doch jeder gemacht.“ – Offenbar eben nicht . . .

Albert II. führt Charlene zum Traualtar

Monaco jubelt über seine neue Fürstin

Fast 30 Jahre nach Gracia Patricias tragischem Tod hat Monaco wieder eine Fürstin – und Albert II., mit 53 fast „ewiger" Junggeselle, ist endlich unter der Haube. Mit einem leisen „oui" wird die 33-jährige Ex-Olympiaschwimmerin Charlene Wittstock aus Südamerika am 1. Juli „Herrscherin" über 7000 Monegassen. Die standesamtliche Trauung findet im Thronsaal des Palastes statt, nur die Familie und enge Freunde des Paares sind dabei. Der Zeremonie folgt der lang erwartete Kuss auf dem Balkon – er wird von der Menge lautstark bejubelt.

Mit der kirchlichen Trauung vor der prächtigen Kulisse des Hofs im monegassischen Fürstenpalast erreichen die dreitägigen Hochzeitsfeierlichkeiten in Monaco ihren Höhepunkt.

Nach der kirchlichen Trauung lächelt das monegassische Brautpaar endlich ganz gelöst. ►

Tirol: „Völkerwanderung" wegen Radio-Aufruf ● Großeinsatz bei Schneesturm

Wette bringt 600 deutsche Urlauber in akute Bergnot

◄ Hartwig nahm es mit Humor. Die Flachländler, vom Schnee überrascht. ▼

Von diesem turbulenten Ausflug in die Tiroler Bergwelt werden 600 Deutsche noch lange erzählen: Im Zuge einer Radiowette wanderten sie zu einer 1600 Meter hoch gelegenen Alm bei Kramsach, als ein Wettersturz mit Schneesturm einsetzte – Bergretter kamen ihnen zu Hilfe!

Grund der „Völkerwanderung" war eine Werbeaktion des Tourismusverbandes Alpbachtal Seenland: Dieser hatte mit dem Radiosender „Mainwelle" gewettet, dass es nicht gelingen würde, 600 Hörer für eine zweieinhalbstündige Wanderung auf die Bayreuther Hütte zu begeistern. Das Echo freute die Tiroler Touristiker – denn ursprünglich hatten sich 19.000 Deutsche angemeldet!

Von Sommer-Hitze war am ersten Juli-Wochenende keine Rede – im Gegenteil: Im Rofangebirge herrschten Temperaturen knapp über dem Gefrierpunkt. Aber nur wenige Teilnehmer hatten warme Kleidung und festes Schuhwerk mit. Als ein Schneesturm einsetzte, rückte die Bergrettung aus, um viele unterkühlte Wanderer ins Tal zu bringen. Auch ein Helikopter war im Einsatz . . .

Shopping-Tour mit totem Baby

In Chicago (USA) erstickt eine Mutter (20) ihren drei Monate alten Sohn, weil er zu laut schrie. Sie packt das tote Baby in ein Tragetuch und geht mit ihm stundenlang auf Shopping-Tour. Kunden sehen Blut auf dem Tuch und rufen die Polizei.

Krone-Chronik Juli 2011

- „Susanne Pirkelbauer nahm die Schrotflinte und schoss aus einem halben Meter Gerold Aichinger ins Gesicht." Mit einem Satz fasst die Staatsanwältin das Geschehen vom Dezember des Vorjahres in Kirchschlag bei Linz zusammen. Die Geschwornen entscheiden auf Mord – 12 Jahre Haft.
- Tierdrama auf dem Areal des Otto-Wagner-Spitals in Wien: Drei Hunde verenden bei sengender Hitze im Auto eines Patienten. Der Mann und seine Freundin hatten auf die Tiere vergessen.
- Schock in der heimischen Motorsportszene: Beim Reparieren seines Autos in Aspang (NÖ) wird der 43-jährige Rallye-Star Andreas Waldherr von seinem Boliden regelrecht zermalmt.
- Politisches Erdbeben um einen Abhörskandal in London: Die Festnahme seines früheren Kommunikationschefs Andy Coulson reißt auch Premier David Cameron mit in den medialen Strudel.
- Der umstrittene Bruder des afghanischen Präsidenten, Ahmad Wali Karzai, fällt in Kandahar einem Anschlag zum Opfer.

__1,70 Meter__ groß, endlos lange Beine, große Augen und lange Wimpern – nein, die Rede ist nicht von Österreichs nächstem Topmodel, sondern vom Anfang Juli auf die Welt gekommenen Giraffen-Nachwuchs in Schönbrunn. Nach der schmerzlichen Geburt – die Mini-Giraffe plumpste aus zwei Metern Höhe zu Boden – flaniert „Arusha" wohlauf durchs Gehege.

Erste Frau an der Spitze der Regierung:

Großes Polittalent als Hoffnung Thailands

Dramatischer Wendepunkt in der Geschichte Thailands: Mit Yingluck Shinawatra steht erstmals eine Frau an der Spitze der Regierung. Noch dazu kommt die gelernte Managerin aus der Oppositionspartei der kleinen Leute.

Yingluck steht als jüngste Schwester zwar im Schatten des im Exil lebenden ehemaligen Premierministers, aber eine Marionette ihres Bruders Thaksin ist die 44-Jährige nicht. Nachdem sie am 3. Juli die absolute Mehrheit errungen hat, wird sie einen Monat später zur Premierministerin ihres Landes gewählt. Die Menschen hoffen, dass Yingluck das krasse wirtschaftliche Gefälle zwischen dem armen Norden und der vor allem um Bangkok gruppierten Industriezentrale abmildern kann.

Hoffnungsträgerin Yingluck Shinawatra

__Im härtesten Kampf__ seines Lebens triumphiert Wladimir Klitschko nach zwölf erbitterten Runden gegen den 35-jährigen Engländer David Haye und entreißt dem Schwergewichts-Champion den WBA-Gürtel. Der „Boxkampf des Jahrzehnts" entzückt 45.000 Fans in der Hamburger Arena und Millionen vor den TV-Schirmen (allein 15,5 Millionen bringen RTL in Deutschland einen Klitschko-Rekord). Alle wichtigen Titel im Schwergewicht sind somit im Besitz der ukrainischen Klitschkos.

Würdiger Abschied vom

● Otto von Habsburg stirbt in Bayern
● Ein Stück Geschichte geht zu Ende
● Feierliches Requiem im Stephansdom

▲ *Dr. Otto von Habsburg mit Sohn Karl im EU-Parlament – als charismatischer Europa-Politiker.*

▲ *Zeitdokument: der kleine Otto zu Besuch bei seinem Urgroßonkel Kaiser Franz Joseph. – 2007 lädt Bundespräsident Fischer Otto von Habsburg und dessen Familie in die Hofburg ein. „Schön haben Sie es hier . . .“, so Habsburg.* ▶

Otto von Habsburg als Familienmensch bei einer Mariazell-Wallfahrt im Jahr 2000: Im Bild mit seiner über alles geliebten Ehefrau Regina – sie verstarb 2010 – und seiner Schwiegertochter Francesca sowie drei Enkelkindern. ▶

Am 4. Juli hört das Herz eines großen, charismatischen Europa-Politikers mit unglaublich historischem Hintergrund zu schlagen auf: Otto von Habsburg (98) stirbt im bayerischen Pöcking. Der Sohn des letzten österreichischen Kaisers war ein weitblickender Vordenker – und somit gleichsam das „Gewissen Europas“.

„Otto von Habsburg schlief in seiner Villa Austria friedlich ein“, so Sohn Karl. Er litt aber auch an den Folgen einer Verletzung, die er sich bei einem Sturz zugezogen hatte. Dazu kam der Schmerz über den Tod seiner Frau Regina, der Mutter seiner sieben Kinder, des ruhenden Pols seines Lebens.

Im berührend trefflichen Nachruf erinnert „Krone“-Redakteur Dieter Kindermann an die dramatischsten Szenen im Leben des Kaisersohnes: 1918 Zusammenbruch der Monarchie, Ausrufung der Ersten Republik, 1919 Landesverweisung und Enteignung, 1938 NS-Steckbrief der GESTAPO gegen ihn, 1961 Verzicht auf jedwede Herrschaftsansprüche, bayerischer CSU-Abgeordneter im EU-Parlament.

Dieser Verzicht war im politischen Leben von Otto von Habsburg wohl die tiefste Zäsur: Er verabschiedete sich vom überlebten Monarchismus und setzte voll auf die Zukunft Europas, die EU. Tatsächlich erfolgte die Versöhnung zwischen dem Haus Habsburg und der 2. Republik 1972 mit einem Shakehands zwischen Bruno

Sohn des letzten Kaisers

◀ *Kaiserwetter am Begräbnistag. Der Kondukt zieht auf dem Heldenplatz vor der historischen Kulisse der Hofburg vorbei. Ottos Enkel Severin folgt dem Sarg mit dem Goldenen-Vlies-Orden, dann ertönen 21 Kanonenschüsse als letztes Salut. Otto & Regina von Habsburg werden in der Kapuzinergruft beigesetzt.*

Kreisky und Otto von Habsburg. Im EU-Parlament setzte Dr. Habsburg, der sieben Sprachen beherrschte, auch Zeichen mit Symbolkraft: so etwa durch einen leeren Sessel für Länder hinter dem Eisernen Vorhang.

Beim Requiem im Stephansdom beeindruckt eine Geste der Versöhnung: ein Kranz rot-weiß-roter Rosen, auf den Schleifen die Unterschriften des Bundespräsidenten und der Regierung. Als endgültiger Schlussstrich unter den Irritationen zwischen Zweiter Republik und dem Haus Habsburg, das 600 Jahre regiert hat. Historisch auch die Abschiedsworte von Kardinal Christoph Schönborn: „Vergelt's Gott, hoher Herr!"

◀ *Der Sohn des letzten Kaisers, nachdenklich vor der historischen Krone des Heiligen Römischen Reiches.*

Zur Kapuzinergruft: der Sarg mit Otto von Habsburg, eingehüllt in die gelbschwarze Kaiserfahne, flankiert von Kaiserjägern. ▶

„Mister Wunderbaaar" Harald Serafin, Intendant der Seefestspiele Mörbisch, ist auch mit 80 Jahren der große Star und strahlende Publikumsmagnet seiner vorletzten Produktion: In Johann Strauß' „Zigeunerbaron" spielt er den Conte Carnero, sein Sohn Daniel gibt den Grafen Homonay (Foto). Brigitte Fassbaender führt Regie mit Bravour. „Als absolute Gesangsstars brillieren der Tenor Lucian Kresznec (Barinkay) und die Sopranistin Katrin Adel (Saffi)", so „Krone"-Kulturchef Karlheinz Roschitz.

Spira bleibt erfolgreichste Fernsehkupplerin der Nation

Quotenqueen in Sachen Liebe

Als Anerkennung für ihre Leistung als Quotenqueen reserviert der ORF Elisabeth T. Spira gleich zwei Abende für zwei Bilanzsendungen über ihre fulminante TV-Erfolgsgeschichte „Liebesg'schichten und Heiratssachen". Der sentimentale Rückblick erinnert an die Highlights der vergangenen 15 Jahre. Unter anderem ist dabei die rührende Reiterhochzeit von Hugo und Martin zu sehen.

Auch in der fünfzehnten Staffel führt die einfühlsame Fernsehpionierin Regie, wenn es gilt, die Wünsche, Träume und Hoffnungen einsamer Herzen aufzuzeichnen und für ein Millionenpublikum auszustrahlen.

◄ Fanden das Glück über Spira: Hugo (re.), der einen „reifen Herrn als Partner" suchte und diesen in Martin fand. Liebesg'schichten gibt's eben auch für Homosexuelle.

Mädchen auf Schulweg in Bad Ischl (OÖ) entführt ● Fernfahrer gesteht den Mord

Stieftochter (14)

Schockierender Mädchenmord! Auf dem Schulweg in Bad Ischl (OÖ) wird die 14-jährige Paulina entführt, erschlagen und verscharrt. Unter Verdacht: Der Stiefvater – er erhängt sich Wochen später in seiner Zelle – und dessen Sohn (19). Der Mann drohte nach der Trennung der Mutter düster: „Ich werde dir das Liebste nehmen."

▲ Jene Stelle beim Schwarzensee, wo die verscharrte Leiche der hübschen Hobbyfotografin Paulina gefunden wurde. ►

„Sie war bildhübsch, beliebt, eine gute Schülerin und das Nesthäkchen der Familie – doch Paulina durfte nur 14 Jahre alt werden", so fasst „Krone"-Redakteur Christoph Gantner das kurze Leben des Mordopfers zusammen. Das junge Mädchen wurde gewürgt, zu Tode geprügelt und seine Leiche in einem Waldstück bei St. Wolfgang versteckt. Verscharrt in einem Erdloch.

Offenbar hatte der verdächtige Stiefvater Klaus K. die Tat bis ins Detail geplant. Nachdem Paulina in Oberösterreich in einen roten VW-Sharan gezerrt wor-

Jubel & Freude auf dem „heiligen Rasen" von Wimbledon: Novak Djokovic (li.) bezwingt im Einzel Rafael Nadal und wird Nummer 1. Österreichs Tennisstar Jürgen Melzer, frisch getrennt von Mirna Jukic, feiert nach 1999 (Junioren) und 2010 (Doppel) an der Seite der Tschechin Iveta Benesova im Mixed seinen dritten Wimbledon-Triumph.

● Sein Sohn (19) versteckte blutige Sitze

im Wald getötet!

den war, fanden Kriminalisten in einem Wald bei Neunkirchen (NÖ) die blutgetränkte Rücksitzbank des Wagens. Den Kriminalisten gelingt es, das grausige Puzzle zusammenzusetzen. Sie finden das Auto – und nehmen darauf Klaus K. sowie dessen Sohn (19) fest.

Im Verhör meint der 48-jährige Fernfahrer: „An Ihrer Stelle würde ich beim Schwarzensee suchen." Und tatsächlich spürt ein Polizeihund Paulinas Leiche auf.

Schließlich tauchen neben den Mord- auch Missbrauchsvorwürfe auf: So sollen sexuelle Übergriffe des Stiefvaters auf die 14-jährige Stieftochter ein Grund für die Trennung des Ehepaares gewesen sein. Zudem soll Paulina gedroht haben, Klaus K. anzuzeigen.

Dann eine weitere Wende. „Der Bursch hat nichts zur Ermordung beigetragen. Er hat leider bei den Vorbereitungshandlungen und der Verbringung der Leiche beigeholfen", so Dr. Farid Riffat, Anwalt des ebenfalls inhaftierten Stiefbruders.

Der unter Mordverdacht stehende Stiefvater erhängt sich in Haft

Krone-Chronik Juli 2011

● Egal ob Reisepass, Personalausweis, Führerschein oder Kfz-Zulassung – mit 1. Juli steigen die jeweiligen Gebühren um durchschnittlich 8%.

● Nach zwei mageren Verlustjahren ist es dem ORF unter seinem neuen Finanzchef Richard Grasl gelungen, wieder die Gewinnzone zu erreichen.

● Der ehemalige ÖVP-Chef Josef Pröll agiert ab Juli als neuer Chef des Mühlenkonzerns Leipnik-Lundenburger.

● In Moldawien werden sechs Personen beim Versuch festgenommen, atomwaffenfähiges Uran an ein muslimisches Land in Afrika zu verkaufen.

● Auf der Insel Huangdao (China) wird die mit 42 Kilometern längste Brücke der Welt eröffnet.

***Das „Krone"-Konzertspektakel** des Sommers begeistert 54.000 Fans im Wiener Happel-Stadion. Bon Jovi feuert auf der Mega-Bühne sensationelle drei Stunden ohne Pause ein Hitfeuerwerk („It's My Life", „Always" etc.) in die Nacht. Auch Musikexpertin Franziska Trost können die vier Kultrocker mit ihrer Show überzeugen. Und die derzeit mit fast 18 Metern größte Vidiwall der Welt lässt den 49-Jährigen Mr. Sex-Appeal bis in die allerletzte Reihe strahlen.*

Mord an Salzburger:

Tätowierer nach Streit erschlagen und zerstückelt

Ermordet, zerstückelt und versenkt – nach der Bluttat an dem Salzburger Tätowierer Raoul Schmidhuber in der deutschen Hauptstadt Berlin klicken für einen „Freund" des Opfers die Handschellen. Der Amerikaner (29) soll den jungen Österreicher nach einem Streit in seiner Wohnung totgeprügelt haben. Beim Wegschaffen der Leiche hilft dem Verdächtigen seine Freundin.

Täter sind selbst taub:

Diebes-Pärchen von gehörlosem Kunden entlarvt

Damit hat ein gehörloses Diebes-Pärchen wohl nicht gerechnet: Als sich der 51-jährige Ungar und seine Komplizin (24) in einem Grazer Kaufhaus mittels Gebärdensprache ungeniert über ihre „Arbeit" unterhalten, werden sie von einem Kunden beobachtet, der jede Geste versteht. „Denn dieser ist selbst taub!", so „Krone"-Redakteur Peter Riedler. Die Polizei schnappt schließlich das Duo.

Parlaments-Verhör ● „Demütigendster Tag meines Lebens"

Abhörskandal: Medien-Mogul Murdoch schwer unter Druck

Der weltweit bekannte Medien-Mogul Rupert Murdoch steht vor den Scherben seines Lebenswerks: Nach einem Abhörskandal um britische Mordopfer und Politiker wird die Zeitung „News of the World" eingestellt. Und der Milliardär muss im Parlament aussagen.

Stein des Anstoßes ist eine aufgeflogene Spitzelaffäre von ungeheurem Ausmaß. Journalisten sollen (gegen Bestechungsgelder für Polizisten) Handy-Mailboxen von Mordopfern oder gefallenen Soldaten abgehört beziehungsweise auch Politiker wie Ex-Premier Gordon Brown ausspioniert haben. In der Folge wird die Chefin der Zeitungsgruppe Rebekah Brooks kurz festgenommen und Scotland-Yard-Chef Paul Stephenson tritt zurück. Rupert Murdoch zieht darauf sein milliardenschweres Übernahmeangebot für den britischen Sender BSkyB zurück und muss bei der drei Stunden langen Anhörung im Londoner Parlament eingestehen: „Das ist der demütigendste Tag meines Lebens."

Medien-Mogul Rupert Murdoch und Sohn James im Parlament

Kronen Zeitung

TERROR SCHOCKT NORWEGEN

Das Ferienlager-Paradies Utøya wird zur Hölle: ein Attentäter erschießt 69 Menschen auf der Insel! Zuvor fordert eine Autobombe in Oslo (unten) acht Tote.

Der wahnsinnige Killer mit dem blonden Engelsgesicht: Massenmörder Anders Behring Breivik zeigt keine Spur von Reue.

Nach Bombe Massaker in

● Doppelanschlag erschüttert friedfertiges Norwegen in Grundfesten
● Sportschütze kommt als falscher Polizist ohne Probleme auf Insel
● Massenmörder ruft während „Operation" zwei Mal bei Notruf an

Die Bilder-Galerie des Schreckens: Nur ein kleiner Teil der Opfer des norwegischen Massenmörders Anders Behring Breivik (32).

Das in vielen Studien als friedlichstes Land der Welt gepriesene Norwegen wird von einem furchtbaren Blutbad erschüttert. Der einheimische Terrorist Anders Behring Breivik zündet zuerst eine Autobombe im Osloer Regierungsviertel und macht dann – verkleidet als Polizist – auf der Ferienlager-Insel Utøya regelrecht Jagd auf Menschen. Bei dem Doppelanschlag tötet der Massenmörder 77 großteils junge Menschen.

Als an diesem 22. Juli um 15.22 Uhr Rauchschwaden über Oslo aufsteigen, glauben viele Norweger zuerst an einen Terrorangriff der Al Kaida in Europa. Doch hinter der 950-Kilo-Autobombe steckt einer von ihnen! Während in der Hauptstadt – die Explosion fordert acht Opfer – noch das Chaos regiert, fährt Attentäter Anders Behring Breivik mit einem Transporter zum außerhalb der Metropole gelegenen Binnensee Tyrifjord.

Es ist gegen 17 Uhr, als der unscheinbare Mann mit dem blonden Engelsgesicht in einem Boot auf die Ferienlager-Insel der sozialistischen Jugend übersetzt. Dann verwandelt der 32-Jährige das kleine Paradies Utøya in eine Hölle. Als sich viele Jugendliche zwecks Informationen um den vermeintlichen Polizisten sammeln, packt der 32-jährige Sportschütze ein Schnellfeuergewehr sowie eine Pistole aus – und beginnt mit dem gezielten Töten.

Innerhalb von knapp einer Stunde erschießt der Massenmörder 69 großteils junge Menschen. Weil die Polizei keinen Hubschrauber

▲ Rauchschwaden steigen aus den zerbombten Gebäuden im norwegischen Regierungsviertel. Sogar die Armee rückt in die Hauptstadt Oslo ein. ▶

Jugend-Paradies: 77 Tote

und kein geeignetes Boot zur Verfügung hat, kann der Sohn einer Krankenschwester viel zu lange ungestört auf der Insel wüten. Er ruft als „Kommandeur" sogar zweimal bei der Polizei an. Einmal, um sich zu ergeben – und eine Minute vor der Festnahme durch die endlich anrückende Eliteeinheit erklärt er am Telefon seine „Operation" für beendet. Dann legt er seine Waffen nieder und ergibt sich.

BITTE BLÄTTERN SIE UM

▲ *Elitepolizisten stürmen endlich die Hölle von Utøya. Auf diesem Foto, aufgenommen von einem Hubschrauber, geht der Amokschütze mit der Waffe in der Hand über* ◀ *Leichen.*

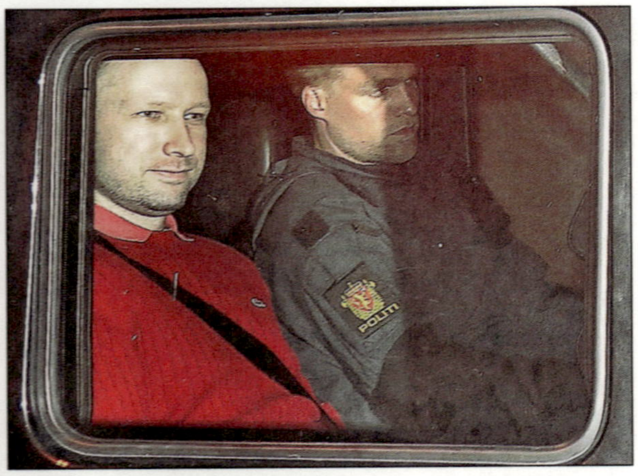

▲ *Er grinst, zeigt keine Spur von Reue: Der wirre Killer im Auto auf dem Weg ins Gefängnis. Am Strand* ◀ *von Utøya spielen sich kriegsähnliche Szenen ab.*

„Anschläge

- **Killer zeigt keine Spur von Reue**
- **Wirres 1516-Seiten-Pamphlet**
- **„Rassenkrieg“ gegen Moslems**
- **Taten lange und perfekt geplant**

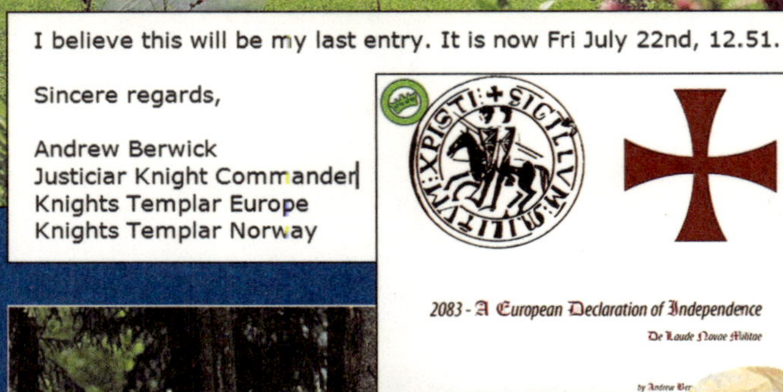

▲ *Breivik mietet diese Farm an und kauft tonnenweise Kunstdünger, um Sprengstoff für sein Attentat herzustellen. Unter dem Pseudonym Andrew Berwick (oben sein letzter Eintrag vor dem Terror) posiert der Norweger in verschiedenen Kostümierungen. Er liebt Uniformen und martialische Posen.* ►

FORTSETZUNG

Schon bald nach der Verhaftung wird das gesamte Ausmaß der irren Gedankenwelt des Anders Behring Breivik offensichtlich. In dem im Internet verbreiteten, wirren 1516-Seiten-Pamphlet „2083 – Eine Europäische Unabhängigkeitserklärung“ und auf Videos als selbsternannter Tempelritter erklärt er seinen „Rassenkrieg“ gegen Moslems. Auszüge aus dem Manifest: „Wenn du zuschlägst, ist es besser, zu viele zu töten als nicht genug.“ Und: „Ich werde als das größte Nazi-Monster beschrieben werden, das es seit dem Zweiten Weltkrieg gegeben hat . . .“

Der 32-Jährige will die regierenden Sozialdemokraten aufgrund ihrer offenen Einwanderungspolitik mit dem Anschlag auf das Jugendlager so „hart wie möglich treffen“. Im Polizeiverhör gesteht er ohne eine Spur von Reue weiter: „Diese Anschläge waren grausam, aber notwendig!“

Das Blutbad hat Breivik – er tummelt sich auch auf der islamfeindlichen Internetseite „Gates of Vienna“ (Tore von Wien) herum – teuflisch genau geplant. Auf seinem Biobauernhof experimentiert der laut Anwalt Geir Lippestad geisteskranke Fanatiker mit Kunstdünger als Sprengstoff zum Bombenbauen.

Schon Monate zuvor bricht der Norweger alle sozialen Kontakte komplett ab. Er schottet sich auf seinem Gut komplett ab, weist Besucher zurück. „Jeder würde sehen, dass die Dinge hier nicht so sind, wie sie scheinen“, schreibt er in sein Tagebuch.

„Zielgerichtet arbeitet er auf seinen mörderischen Plan hin“, so „Krone“-Auslandsredakteurin Brigit-

grausam, aber notwendig“

▲ *Breivik an der Polizeileine beim Lokalaugenschein auf der Horrorinsel. Mit einem Lächeln stellt er den Massenmord nach.*

te Egger. Übt das Schießen in einem Schützenverein, kauft um 300 Euro Munition für sein offiziell registriertes, halbautomatisches Sturmgewehr. Die 200 Schuss präpariert er noch, ersetzt die Vollmantel-Geschosse durch Soft-Point-Spitzen, die größeren Schaden verursachen. Als „einsamer Wolf“ (so betiteln Geheimdienste das neue, gefährliche Phänomen der Einzeltäter) fällt er bei den Sicherheitsbehörden nie auf. Bis es zu spät ist.

In seinem letzten Eintrag eineinhalb Stunden vor den Anschlägen schreibt Breivik zynisch: „Die erste Kostümparty des Jahres – ich verkleide mich als Polizist . . .“

Doch die Reaktion der Norweger auf den Terror, der nicht nur das ganze Land, sondern die Welt schockt, ist wohl nicht so, wie es der Massenmörder erwartet hat. Ministerpräsident Jens Stoltenberg setzt tief getroffen ein klares Signal: „Wir lassen uns nicht einschüchtern. Unsere Antwort kann nur mehr Demokratie, mehr Offenheit, mehr Menschlichkeit sein.“

Während der Massenmörder – er soll für jedes einzelne Opfer angeklagt werden – in Isolationshaft sitzt, findet das ganze Land nur langsam wieder zum Alltag zurück. Die Wunden in der norwegischen Seele werden nie mehr ganz verheilen . . .

Trauer: Norwegens König Harald (re.) und Kronzprinzessin Mette Marit, die ihren Stiefbruder verlor. ▼

Musikwelt trauert ● Drogen und Schwangerschaft im Mittelpunkt wilder Gerüchte

Todesdrama um Amy Winehouse

Die Musikwelt trauert um eines der größten Talente der Gegenwart! Im Alter von nur 27 Jahren verstirbt die britische Sängerin Amy Winehouse in ihrer Wohnung im Londoner Stadtteil Camden. Die Todesursache bleibt vorerst rätselhaft. Drogen werden jedenfalls bei einer gerichtsmedizinischen Obduktion keine gefunden.

Seit Jahren führt Amy Winehouse einen verzweifelten Kampf gegen ihre Alkohol- und Drogensucht. In den Wochen vor ihrem tragischen Ableben soll die britische Sängerin aber die inneren Dämonen besiegt haben.

◄ *Amy Winehouse stirbt mit erst 27. Bestatter tragen ihre Leiche aus dem Stadthaus.* ▼

Auch Gerüchte um eine Schwangerschaft machen schon die Runde. Der Tod des exzessiv lebenden gesangstechnischen Riesentalents kommt für viele trotzdem nicht überraschend. Ebenso wie ihre prominenten Kollegen Janis Joplin, Jimi Hendrix oder Kurt Cobain stirbt Winehouse drei Jahre vor ihrem 30. Geburtstag („Klub 27").

In ihrer kurzen Karriere verkauft Winehouse mehr als zehn Millionen Platten und bekommt fünf Grammys. Tragisches Detail: ihr „Back-to-Black"-Album wird nach dem Drama zum meistverkauften in der britischen Musikgeschichte.

Während die Familie und Fans um die erst 27-Jährige trauern, dringen gemeine Einbrecher in das Londoner Stadthaus ein und stehlen persönliche Briefe, Liedtexte sowie bisher unveröffentlichte Songs. Offenbar wollen die Täter noch Geld mit ihrem Tod machen.

Krone-Chronik Juli 2011

● Es ist wohl die Justizpanne des Jahres: Ein Serieneinbrecher marschiert seelenruhig aus der Justizanstalt in Wien-Josefstadt. Der Serbe tauscht einfach die Identität mit seinem Zellen-Kompagnon und stolziert an seiner Stelle in die Freiheit.

● Mehr als 24 Stunden hält der „Methan-Geysir" einer angebohrten Gasblase die beschauliche Ortschaft Erla in Niederösterreich in Atem.

● Dank eines furiosen Zeitfahrens holt sich der 34-jährige australische Radprofi Cadel Evans das gelbe Siegertrikot bei der heurigen Tour de France.

● Mit Goran Hadžić, einstmals „Präsident der Republik Kraijina" in Kroatien, liefert Serbien nun den Letzten des Kriegsverbrecher-Trios an das UNO-Tribunal.

ORF gesteht Datendiebstahl ein:

Anonymous Austria hackt die GIS-Seite

Der ORF geht vor den Hackern von Anonymous Austria in die Knie! Kurz vor Ablauf eines Ultimatums – die Gruppe droht mit der Veröffentlichung 214.000 gestohlener Kundendaten von der geknackten GIS-Seite – muss der Österreichische Rundfunk das ganze Ausmaß der peinlichen Internet-Panne zugeben. Schon zuvor gibt es um die Kaperung der Computerseiten von SPÖ, FPÖ und den Grünen Aufregung. Nach Ermittlungen fasst die US-Bundespolizei FBI 14 Verdächtige, ein Mitglied geht Scotland Yard auf den Shetland-Inseln ins Netz.

Drama um Oberösterreicher (49):

Milizsoldat in Thailand von Ehefrau erstochen

Bevor er seinen Friedenseinsatz in Bosnien antreten kann, wird Milizsoldat Manfred Bamberger aus Oberösterreich Opfer einer Bluttat in Thailand! Der 49-jährige Unteroffizier wird von seiner asiatischen Ehefrau im gemeinsamen Haus in der Provinz Udon Thani ermordet. Während eines Streits sticht die Verdächtige (41) mit einem Messer auf den Oberstabswachtmeister aus Bad Leonfelden im Mühlviertel ein. Um den Mann trauert nun nicht nur die 10-jährige Tochter – um das Mädchen kümmert sich eine Tante in Thailand –, sondern auch die betagte 74-jährige Mutter daheim.

Die heimische Landwirtschaft *zeigt sich von ihrer schönsten Seite! Beim Fotoshooting für den schon zum Kultobjekt gewordenen Jungbauernkalender in einem Wiener Weingut präsentieren die feschen Hobbymodels ein attraktives Berufsbild. Jedes Foto macht Lust auf frische Lebensmittel vom Bauernhof.*

Mutmaßlicher russischer Kriegsverbrecher wieder freigelassen

Staatsaffäre um Ex-Offizier: Litauen beschimpft Österreich

Der Fall rund um den auf dem Wiener Flughafen verhafteten Ex-KGB-Offizier Michail Golovatov entwickelt sich zur Staatsaffäre: Nachdem der für Kriegsverbrechen in der „Blutnacht von Vilnius" per europäischem Haftbefehl gesuchte Russe wieder freigelassen wird, beschimpft Litauen Österreich als „besch. . . kleines Land".

Berüchtigte „Alpha"-Einheit überrollt Regimegegner mit Panzern.

14 Tote, rund 1000 Verletzte – das war die erschütternde Bilanz des Blutbades in der litauischen Hauptstadt am 13. Jänner 1991. Der Aufstand von Regimegegnern, die den Fernsehturm besetzt hielten, wurde damals von der sowjetischen Spezialeinheit „Alpha" brutalst niedergeschlagen. Der Kommandant: KGB-Mann Golovatov.

Mehr als 20 Jahre später klicken für den Ex-Offizier, mittlerweile Vizepräsident des russischen Skiverbands, bei der Einreise auf dem Wiener Flughafen die Handschellen. Doch weil der Haftbefehl aus Litauen laut österreichischer Justiz „zu vage" ist, wird der per Haftbefehl gesuchte mutmaßliche Kriegsverbrecher wieder freigelassen und fliegt nach Moskau ab.

Die Folge sind heftige Proteste Litauens und wüste Beschimpfungen in dortigen Medien. Obwohl unsere Behörden betonen, dass es keinen Druck aus Russland gab, bleibt ein schaler Nachgeschmack.

◄ Ex-KGB-Offizier Golovatov: in Litauen ein Staatsfeind.

Plünderungen & Straßenschlachten ● Szenen wie im Krieg ● 5 Tote zu beklagen

Jugendkrawalle – London brennt!

Bei Ausschreitungen im Londoner Stadtteil Tottenham setzen Randalierer Anfang August Häuser, Supermärkte, Busse und Polizeiautos in Brand. Dann weiten sich die Auseinandersetzungen und Plünderungen auf andere Städte wie Birmingham, Liverpool, Bristol und Manchester aus! Bilanz: 5 Tote und Hunderte Verletzte.

Ausgangspunkt ist der Tod eines vierfachen Vaters aus Tottenham bei Ermittlungen in der organisierten Bandenkriminalität durch eine Polizeikugel. Es folgt eine friedliche Demonstration. „Doch dann haben kriminelle Elemente die Veranstaltung gekapert", so ein Polizeisprecher. Scheiben werden eingeschlagen, Geschäfte geplündert, Polizisten angegriffen. In den Straßen machen sich Plünderer, die sich über soziale Netzwerke verabredet haben, mit Einkaufswagen voller gestohlener Waren davon. Die Krawalle weiten sich in den nächsten Tagen aus.

Premier David Cameron bricht seinen Urlaub ab und stockt die Polizeikräfte von 6000 auf 16.000 auf. Die Gewalt hat ein Ausmaß erreicht, das Großbritannien seit Jahren nicht gesehen hat. „Facebook"-Anstifter werden zu drakonischen Haftstrafen (4 Jahre) verurteilt – „zur Abschreckung"!

▲ Polizisten mit Schlagstöcken gehen gegen die Randalierer vor, die Häuser und Hunderte Geschäfte in Brand ▼ gesetzt haben.

Natascha Kampusch wird Geschäftsfrau

Das ehemalige Entführungsopfer Natascha Kampusch wird Jungunternehmerin: Die 23-Jährige gründet mit 35.000 Euro einbezahltem Stammkapital in Wien die „Consolea GmbH". Eine Firma, die sich laut Firmenbuch mit EDV, Promotion und Marketing beschäftigen wird.

Raucher-Sheriffs zeigen „Arnie" an

Die Zigarre stets im Mundwinkel: So kennen seine Fans Arnold Schwarzenegger. Doch auch für den „Terminator" gilt das österreichische Tabakgesetz. Weil er auf den Flughäfen in Salzburg und Graz in Nichtraucherzonen beim Paffen beobachtet wurde, zeigen ihn Raucher-Sheriffs an.

Unterwasser-AKW auf Meeresgrund

Die Profitgier der Atomlobby kennt keine Grenzen. Greenpeace-Sprecher Niklas Schinerl deckt eine abstruse Wahnsinnsidee auf: Ein französischer Konzern plant tatsächlich den Bau eines Unterwasser-Reaktors in Cherbourg. Hundert Meter lange Nuklear-Röhren am Meeresgrund.

Vom Islamismus droht größte Gefahr

Wie aus dem Verfassungsschutzbericht hervorgeht, droht Österreich von radikalen Islamisten die größte Gefahr. Peter Gridling, Chef des Bundesamtes für Verfassungsschutz und Terrorismusbekämpfung, warnt vor jungen Österreichern, die sich im Ausland zu Terroristen ausbilden lassen.

Jahrhundertdürre sucht Ostafrika heim

Zwölf Millionen Menschen sind am Horn von Afrika von der schlimmsten Dürre seit 60 Jahren bedroht. Das Gebiet zwischen Äthiopien, Eritrea und Somalia gleicht einer riesigen Todeszone, wo stündlich Babys sterben. Mütter verlieren ihre Kinder auf der Flucht, die Kleinen sterben in ihren Armen. An der Trockenheit leiden auch Tiere: Tausende Rinder und Ziegen verenden. Durch den ausbleibenden Regen erreichen die Lebensmittelpreise astronomische Höhen. Zur verheerenden Hungersnot kommen noch Stammesfehden und islamistische Milizen, die Hilfslieferungen behindern. Oft sind Luftbrücken die einzige Möglichkeit, um die Hungeropfer mit Nahrungsmitteln zu unterstützen. Ohne rasche Hilfe droht die Hölle auf Erden auszubrechen. „Die Menschen im Dürregebiet fürchten, die nächsten Wochen nicht zu überleben", so Caritas-Auslandshilfechef Christoph Petrik-Schweifer. Einmal mehr versuchen Österreichs Hilfsorganisationen, die Not zu mildern.

Als Elitesoldat zum Töten ausgebildet

Killerbanden-Boss ordnet 900 Morde in Mexiko an

Seit 2006 hat der Drogenkrieg in Mexiko einen erschreckend hohen Blutzoll von 35.000 Toten gefordert. Mit der Verhaftung von Oscar García Montoya (36) gelingt der Polizei einer der spektakulärsten Fahndungserfolge.

Denn mit „Mano con Ojos" (Hand mit Augen) alias „El Compayito" geht ein Mafiaboss ins Netz, der für 900 Morde verantwortlich gemacht wird. Zurzeit stehen 50.000 Armeeangehörige und 35.000 Polizisten etwa 300.000 Angehörigen der mexikanischen Drogenkartelle in diesem blutigen innerstaatlichen Rauschgift-Krieg gegenüber.

Oscar Montoya: 900 Morde im Drogenkrieg angeordnet

***Als Gladiatoren** verkleidet legen Undercover-Polizisten im Zentrum Roms 20 Darstellern von Gladiatoren und Legionären das Handwerk. Im Kampf um die besten Standplätze vor dem weltberühmten Kolosseum hatten sie immer wieder Konkurrenten des „Tourismusjobs" brutal verprügelt und gar Schutzgelder erpresst.*

Rauschgift unter Blumen versteckt

Der größte Marihuana-Ring, den Großbritannien je gesehen hat, wird gelenkt und geführt von einem Vorarlberger. Der vermeintliche Blumenexporteur Johannes E. (51) hat die Insel mit 17 Tonnen Cannabis im Wert von 170 Millionen Euro beliefert. Der Drogenboss wird zu 18 Jahren Haft verurteilt.

Geschäfte bleiben an Sonntagen zu

Klare Festlegung der rot-schwarzen Regierung in dem von Richard „Mörtel" Lugner angezettelten Streit um die Öffnung von Geschäften auch am Sonntag: In einer von Wirtschaftsminister Mitterlehner erstellten Expertise wird festgehalten, dass Geschäfte am Sonntag geschlossen bleiben sollen.

Ägyptens Ex-Präsident liegt im Spitalsbett vor den Richtern

Prozess gegen Diktator Mubarak: Der Pharao im Käfig vor Gericht!

Es ist wohl seine schwärzeste Stunde: Im Krankenbett wird der gestürzte Pharao Mubarak, der 30 Jahre lang Ägypten zu verkörpern schien, in Kairo vor seine Richter gerollt. Eingesperrt in einen Stahlkäfig – das Spektakel wird weltweit im TV ausgestrahlt.

Bis zuletzt hatten viele Ägypter nicht wirklich glauben können, dass der regierende Militärrat seinen früheren Oberbefehlshaber derart vorführen lassen wird. Als Mubarak dann im Spitalsbett in den Gerichtssaal gerollt wird, gibt es kaum einen Ägypter, der sich von der TV-Übertragung losreißen kann. Eine Genugtuung für viele, den einstigen Tyrannen so erniedrigt zu sehen.

Für den Mubarak-Clan könnte das Verfahren mit der Hinrichtung enden. Die Anklage lautet nicht nur auf Korruption und unermessliche Bereicherung auf Kosten des Landes, sondern auch auf Beihilfe zum Mord in 846 Fällen. Der Prozess wird auf Ende Oktober vertagt.

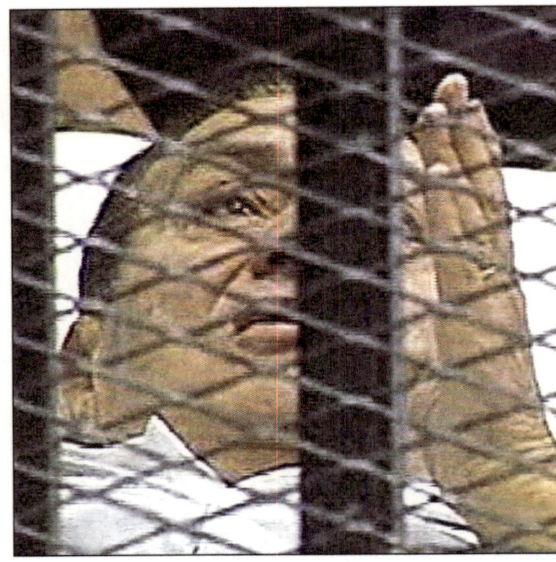

▲ *In einem Spitalsbett liegt Ägyptens gestürzter Diktator Hosni Mubarak (83) vor seinen Richtern.*

Netrebko begeistert bei den großen Festspielen als Märchenprinzessin „Jolanta":

Anna verzaubert ganz Salzburg

Als Traumpaar der Oper verzaubern Anna Netrebko und Ehemann Erwin Schrott die Salzburger Festspiele. Während sie mit Tschaikowsky brilliert, wird er zum umjubelten „Figaro" in Mozarts „Le nozze di Figaro". Neben Christian Stückls Jedermann-Inszenierung sorgt Handke für einen regelrechten „Bühnen-Sturm".

„Für Anna Netrebko bietet der Einakter ‚Jolanta' (1891), nach Hertz' symbolistischem Theaterstück, Psychologie, poetische Qualitäten, Originalität und Vielfalt an lyrischen Momenten, die den Komponisten begeisterten", beschreibt Kultur-Redakteur Karlheinz Roschitz Netrebkos großen Auftritt. Als Märchenfigur hat Anna alle Möglichkeiten, das Ausdrucksspektrum ihres füllig weichen Soprans aufblühen zu lassen. Die Geschichte der blinden Königstochter bietet ihr reiche Gestaltungsmöglichkeiten.

Die Uraufführung von Peter Handkes „Immer noch Sturm" zeigt ein mit Spannung erwartetes Traumspiel um den Kärntner Widerstand und die Geschichte seiner slowenischen Vorfahren, einer Familie, die durch den Partisanenkampf getrennt wurde. Für Redakteur Thomas Gabler verliert sich die Inszenierung in patriotischen Weihrauchschwaden: „Vier Stunden Handke-Klage in liturgischer Form samt heimatlicher Weihrauchschwaden und Endlos-Blick in den funkelnden Blätterregen, das erschöpft."

▲ *Das Traumpaar der Oper: Anna Netrebko und ihr Ehemann Erwin Schrott. Sie begeistert als Tschaikowskys „Jolanta" und er brilliert als „weltbester Figaro" in Mozarts Oper. – Auf der Perner-Insel wird Handkes mit großer Spannung erwartetes Stück „Immer noch Sturm" uraufgeführt.* ◀

Kosmetika gestohlen:

Society-Gräfin als „diebische Elster" in Duty-free-Shop

Für einen Ausrutscher auf dem Society-Parkett sorgt PR-Lady Gräfin Walderdorff. Auf dem Flughafen Wien-Schwechat soll sie sich im Duty-free-Shop mit Kosmetika um 1078 Euro eingedeckt, doch dann ohne zu bezahlen an der Kassa vorbeigeschmuggelt haben. Ein Detektiv ertappte die Gräfin. Laut Zeugen soll sie an den Regalen vorbeistolziert sein und einen Artikel nach dem anderen einkassiert haben. Eva Walderdorff dazu unter Tränen: „Ich habe die Nacht vor dem Abflug durchgearbeitet und war total erschöpft, da ich nicht geschlafen habe. Ich hatte ein Blackout."

PR-Lady Gräfin Eva Walderdorff bei den Salzburger Festspielen ▼

Krone-Chronik August 2011

- Für sein Regie-Debüt „Atem" erhält Karl Markovics beim „Festival von Sarajevo" die Auszeichnung für den besten Film. Thomas Schubert wird „bester Schauspieler".
- Der Höhenflug des Schweizer Franken bringt nicht nur Häuslbauer, sondern auch die Stadt Wien ins Schwitzen. Laut FPÖ-Klubobmann Johann Gudenus beläuft sich der Verlust auf 250 Millionen Euro.
- „Mr. Nespresso" George Clooney hat eine Neue: Ex-Wrestlerin Stacy Keibler hat dem Leinwand-Beau den Kopf verdreht. Clooney lässt die 31-Jährige in seine Villa am Comer See einfliegen.
- Bestätigung am Küniglberg: Der amtierende ORF-Generaldirektor Alexander Wrabetz wird mit 29 Stimmen von insgesamt 35 wiedergewählt.
- Über eine zweimonatige (nicht illegale) Lolita-Affäre mit einer 16-Jährigen stolpert der CDU-Landeschef von Schleswig-Holstein (41). Unter Tränen gibt Christian von Boetticher den Rücktritt bekannt: „Es war Liebe."

Bikini-Girls als fleißige Putin-Fans

In Bikinis und Stilettos waschen deklarierte Putin-Fans vor der Moskauer Universität russische Autos – der heimischen Wirtschaft zuliebe! Damit wollen sich die Russinnen als große Anhänger von Premierminister Wladimir Putin outen. „Wir können jedes russische Auto gratis auf Hochglanz bringen, um damit öffentlich zu beweisen, dass wir ebenso wie unser Premierminister stolz auf unsere Landesprodukte sind", so der Slogan der attraktiven Auto-Putztruppe.

Ein griechischer „Pensions-Trick":

Millionen Euro an Tote ausbezahlt

Die Griechenland-Pleite hat viele Ursachen. Eine davon ist, dass es viele Hellenen mit dem Steuerzahlen nicht sehr genau nehmen, den von oft faulen und schlampigen Beamten verwalteten Staat dafür aber schröpfen, wo immer es geht. So ist seit Jahren bekannt, dass in Griechenland mehr als 9000 über 100-Jährige Pensionen ausbezahlt bekommen, obwohl laut offizieller Statistik nur noch 1700 von ihnen am Leben sind. Ihre Angehörigen haben „vergessen", die Todesfälle zu melden, und kassieren Millionen.

Sie lässt ihren Peiniger nicht blenden

Blindes Säureopfer verzichet auf Rache

Vor sechs Jahren lehnte die Iranerin Ameneh Bahrami in Teheran einen Heiratsantrag ab und wurde vom Abgewiesenen mit Säure übergossen! Sie verlor ihr Augenlicht und Narben entstellen seither ihr Gesicht. Nach einem Gerichtsurteil hätte die erblindete 32-Jährige ihren Peiniger ebenfalls blenden dürfen. Nach dem „Auge-um-Auge"-Prinzip mit ätzender Flüssigkeit. Doch in letzter Minute lässt sie Milde walten: Stattdessen gibt sie sich mit dem „Blutgeld" zufrieden. Die Höhe der Entschädigung verrät sie aber nicht.

Superstar Bolt: Fehlstart & Sieg

Niederlage und Sieg liegen für Sprintrakete Usain Bolt bei der Leichtathletik-Weltmeisterschaft in Südkorea nur wenige Tage auseinander. Nachdem der 25-jährige Jamaikaner wegen eines Fehlstarts im 100-Meter-Rennen disqualifiziert wird, hält sich der Superstar mit Siegen über 200 Meter und – in Weltrekordzeit – in der Staffel schadlos.

***Ihr Debütalbum** veröffentlicht Österreichs wohl hübscheste Geigerin, Ex-Miss-Austria Celine Roschek (Mitte). Flankiert von ihren Beauty-Kolleginnen Tanja Duhovich (li.) und Silvia Hackl präsentiert die 28-jährige Vorarlbergerin ihre erste Musik-CD „Electro String“ auf der Wiener Freizeitmeile Summerstage.*

Nach Landung von Lufthansa-Flaggschiff A380:

Riesenvogel auf „Wien“ getauft

Schöner kann eine Taufe nicht sein: Bei strahlendem Sonnenschein landet das Flaggschiff der AUA-Mutter Lufthansa, der Riesen-Airbus A380, zur offiziellen Namensgebung „Wien“ auf dem Flughafen in Schwechat. Bürgermeister Michael Häupl und Airliner-Chef Stefan Lauer lassen sich das Ereignis nicht entgehen. „Gemeinsam enthüllen sie den Namenszug des vierstrahligen Megajumbos“, berichtet „Krone“-Redakteur Patrick Radosta.

Unfassbare Tat in USA:

Vater köpft seinen Sohn

Ein unfassbares Verbrechen schockt Amerika: Weil er sich nicht mehr um seinen im Rollstuhl sitzenden, behinderten Sohn kümmern will, soll Jeremiah Lee Wright („ich hatte keine Lust mehr“) aus Thibodaux im US-Bundesstaat Louisiana den siebenjährigen Jori Lirette mit einem Schlachtermesser enthauptet haben! Ein geschockter Nachbar entdeckt den abgetrennten Kopf des Buben offen neben einem weißen Müllsack liegend. Offenbar wollte Wright, dass seine Lebensgefährtin und Mutter des Kindes den Kopf beim Nachhausekommen sieht. Jori war drei Monate zu früh zur Welt gekommen, litt an Kinderlähmung und musste künstlich ernährt werden. Der 30-jährige Vater wird wegen Mordes angeklagt. Ihm droht die Todesstrafe.

Drama beim Fotografieren: Todessturz in Niagara-Fälle

Die Touristenattraktion Niagara-Fälle endet für eine 19-jährige in Toronto (Kanada) lebende japanische Studentin mit dem Tod. Für ein Foto klettert die junge Frau auf ein Geländer, verliert das Gleichgewicht – und stürzt in die Riesen-Wasserfälle. Makaber: Bei der Suche nach der 19-Jährigen entdecken Einsatzkräfte eine Männerleiche.

Aus für Hansis Fanwanderung! Nach zehn erfolgreichen Jahren gibt der Kitzbüheler das Ende der Open Airs in seiner Heimatgemeinde bekannt. 2012 wird es keine Fortsetzung geben. Mit dieser schweren Entscheidung will er endgültig alle Vorwürfe, sich selbst zu bereichern, entkräften. Jetzt konzentriert sich Schlagersänger Hinterseer auf seine große Tournee.

Schwer kranker Apple-Gründer Steve Jobs zieht sich in den Aufsichtsrat zurück:

„Leider ist dieser Tag jetzt gekommen . . .“

▲ *Von der Krankheit schon schwer gezeichnet: der Apple-Chef präsentiert ein neues Produkt. Ein gesunder Steve Jobs im Jahr 1977 mit dem Apple II.* ▶

Das wertvollste Unternehmen der Welt verliert seine Leitfigur: Apple-Gründer Steve Jobs zieht sich aus dem Tagesgeschäft in den Aufsichtsrat zurück. „Leider ist dieser Tag jetzt gekommen“, so der Computer-Guru.

Die karge Botschaft ist typisch für den 56-jährigen Milliardär, der seine Pläne und alle Projekte des US-Giganten mit dem weltberühmten Apfel-Logo jahrzehntelang erfolgreich geheimgehalten hatte. Sechs Jahre nach seiner Bauchspeicheldrüsenkrebs-Diagnose und fast zwei Jahre nach seiner Lebertransplantation ist der legendäre Unternehmensgründer von der Krankheit schwer gezeichnet. Während der Aktienkurs kurzfristig einbricht, steigen die Papiere bald wieder und das Technologie-Unternehmen überholt den Öl-Riesen Exxon Mobil als wertvollstes börsennotiertes Unternehmen.

Wie die unmittelbare Zukunft – trotz geregelter Nachfolge mit dem wenig bekannten Tim Cook – ohne den charismatischen Visionär Jobs aussieht, scheint freilich noch ungewiss.

Skrupellosen Dieb packt offenbar das Gewissen ● Bub hat Kunst-Hand wieder:

„Krone"-Leser löst Kriminalfall

Endlich kann der 5-jährige Alexander wieder lachen, Fahrrad fahren und spielen: Nach dem skrupellosen Diebstahl seiner Armprothese in einer Wiener Straßenbahn findet „Krone"-Abonnent Michael Bochortsch die verschollene Kunst-Hand auf einem Container. Dem Dieb hat offenbar das Gewissen gepackt.

Michael Bochortsch löst den Kunsthand-Krimi – Alexander und seine Eltern können wieder lachen.

„Ich war gerade unterwegs von meiner Nachtschicht in Richtung Bank, um dort Geld für den Spanien-Urlaub zu beheben", schildert der langjährige „Krone"-Leser und „Wien-Strom"-Techniker Michael Bochortsch. Direkt gegenüber einer Feuerwache sieht er plötzlich auf einem Altmetall-Container einen mysteriösen Gegenstand in Bekleidungsstücken gehüllt.

„Ich erkannte sofort, dass es sich nur um die Prothese handeln kann, die dem kleinen Buben gestohlen wurde. Die Zeitung war ja voll davon", so der bescheidene 51-Jährige, der für die verschollene Kunsthand (Wert 17.000 Euro) keinen Finderlohn will. Alexanders Vater Manfred ist jedenfalls überglücklich: „Ich bin so dankbar und froh, dass doch noch alles gut ausgegangen ist."

Gerlinde Kaltenbrunner erfüllt sich mit K2 ihren Lebenstraum

Gipfelsturm am Schicksalsberg!

Das Kaltenbrunner-Gipfelfoto auf dem K2

Der Schicksalsberg ist geschafft! Völlig ausgepumpt, aber überglücklich erreicht Gerlinde Kaltenbrunner das Ziel ihrer Träume, um das sie vier Jahre so hart gekämpft hat: den Gipfel des 8611 Meter hohen K2. Mit 40 Jahren hat die Oberösterreicherin damit als erste Frau weltweit alle 14 Achttausender ohne Zusatzsauerstoff bestiegen. „Ralf, es ist so überwältigend hier oben. Ich sehe bis nach Pakistan hinunter", sind die ersten Worte über Funk an ihren im Basislager bangenden Ehemann Ralf Dujmovits. „Krone"-Redakteur Max Stöger: „Nach elf unendlichen, alles abverlangenden Stunden gibt es als letzten Akt und Beweis das Gipfelbild, aufgenommen von ihren Bergkameraden."

***Im Blitzlichtgewitter** mit endlich positiven Schlagzeilen steht die amerikanische Sängerin Britney Spears. Die bald 30-Jährige wird bei den MTV Music Awards für ihr Lebenswerk und das beste Popvideo ausgezeichnet. Überhaupt ist die Gala in Los Angeles die Nacht der Damen: Das US-Goldkehlchen Katy Perry räumt gleich dreimal ab. Preise heimsen auch Lady Gaga – sie sorgt mit falschen Koteletten, Bierflasche und Zigarette als Italo-Macho für Aufregung – und die schwangere Beyoncé Knowles ein.*

Krone-Chronik August 2011

- Das stärkste Erdbeben seit 100 Jahren an der US-Ostküste erschüttert die Millionenmetropolen Washington und New York. Kapitol und Pentagon werden geräumt, es gibt aber keine Verletzten.
- Deutschlands berühmtester und vielseitigster Humorist Loriot (bürgerlicher Name Vicco von Bülow) stirbt mit 87 Jahren in Ammerland am Starnberger See.
- Sojus-Debakel für die russische Raumfahrt! Fünf Minuten nach dem Start stürzt die sonst so zuverlässige Trägerrakete nach dem Versagen der dritten Zündungsstufe in Sibirien ab. Der Einsatz des Transportmittels wird vorerst gestoppt.
- Brandstifter halten Berlins Bevölkerung und Polizei nächtelang in Atem: Dutzende Autos gehen in Flammen auf. Schließlich können mehrere Täter gefasst werden.

***Da lacht das kleine Pandaherz!** Zum ersten Geburtstag bekommt „Fu Hu“ im Tiergarten Schönbrunn einen regelrechten Geschenketurm. Die Päckchen sind voll mit gesunden Leckereien wie Paprika, Mais oder Süßkartoffeln. Nach dem Gemüsesnack gibt es für den putzigen Pandabären noch ein Ständchen von einem Kinderchor aus Shanghai.*

Erst die Obduktion bringt erschütterndes Detail ans Licht

Pilot im Drogenrausch: Flieger kollidieren in der Luft – 4 Tote

◄ Kurz vor der Landung am Flughafen in Zell am See stürzten die beiden Flieger in der Luft zusammen. Es gibt vier Tote. ▼

Vier Menschen müssen bei einer tragischen Kollision zweier Flieger in Zell am See (Salzburg) – die Spitzen der Tragflächen der Motorsegler berühren sich bei der Landung – sterben. Erschütternder Paukenschlag nach der Obduktion der beiden Piloten: Der 31-jährige Tiroler hat seine Cessna im Drogenrausch gesteuert!

Dieses brisante Detail bestätigt Edith Tutsch-Bauer, Leiterin der Gerichtsmedizin in Salzburg im Gespräch mit „Krone“-Redakteurin Manuela Kappes: „Wir mussten schon viele Flugunfall-Opfer obduzieren. Aber so ein Ergebnis ist bislang noch nie herausgekommen.“ Denn toxologische Experten finden im Blut des 31-jährigen Cessna-Piloten aus Tirol – neben ihm kostet das Unglück auch der mitfliegenden Melanie Schuchter sowie einem Münchner Pärchen in dem Motorsegler eines deutschen Luftsportvereins das Leben – eine „erhebliche Konzentration“ des Marihuana-Wirkstoffes THC. Der Drogenrausch bewirkt eine verlängerte Reaktionszeit und eine veränderte Wahrnehmung.

Was wirklich zählt

BARBARA STÖCKL

Erste Hilfe

Ein rotes Auto liegt demoliert neben der Straße. Kühlerhaube offen, die Windschutzscheibe zerbrochen, Rauch steigt auf. Daneben das Unfallopfer: ein junger Mann, der sich auf dem Boden windet. Der ÖAMTC beobachtet mit dieser dramatischen Situation, wie sich vorbeifahrende Autofahrer verhalten, das Ergebnis ist erschreckend: Nur jeder 7. Fahrzeuglenker bleibt stehen, um zu helfen! Eine der häufigsten Ausreden: „Ich wollte nichts falsch machen!" Dabei gibt es in der Ersten Hilfe nur einen ganz großen Fehler: nämlich gar nichts zu machen!

Offenbar hat die Studie Wirkung gezeigt, denn schon in den darauffolgenden Tagen bewiesen Autofahrer, dass es ganz anders geht. Bei Tattendorf überschlug sich ein Pkw-Lenker mit seinem Fahrzeug mehrmals. Die dahinter fahrende Lenkerin, Jennifer Lutz aus Wien, hielt sofort an und eilte zu Hilfe. Feuerwehrmann Johannes Weinbauer, der gerade von einem privaten Termin auf dem Nachhauseweg war, kam ebenfalls nur wenig später an der Unfallstelle vorbei. Auch er blieb stehen, um zu helfen und Erste Hilfe zu leisten, wie auch weitere Autolenker. Sie alle sicherten die Unfallstelle, verständigten Polizei und Rettung und sprachen mit dem Unfallopfer, damit dieses nicht ohnmächtig wird. Der junge Mann hatte Glück, er wurde zwar verletzt – aber, so die Polizei: „Ohne die Hilfe der anderen hätte er keine Überlebenschance gehabt!" Jennifer, Johannes und Co., Vorbilder an Zivilcourage! Danke!

Sturzflug in den sicheren Tod

Bei einer Flugshow in Nevada (USA) verliert Pilot Jimmy Leeward die Kontrolle über ein historisches Jagdflugzeug und rast in die Zuschauertribüne: Neun Menschen sterben! Der Kunstflieger wird posthum als Held gefeiert, da er vor der Tribüne abgedreht und so ein schlimmeres Unglück verhindert hatte.

Erschreckendes Test-Ergebnis:

Nur jeder 7. Autofahrer leistete Unfall-Hilfe!

„Mehr als drei Viertel der Fahrzeuglenker haben das Unfallopfer ignoriert und sind ganz einfach weitergefahren", so ÖAMTC-Generalsekretär Oliver Schmerold über das erschreckende Ergebnis einer Erhebung zum Thema „Zivilcourage".

Beim Test im Burgenland zwischen Mattersburg und Eisenstadt haben nur 38 von insgesamt 246 angehalten und wollten dem verletzten Pkw-Lenker helfen.

Beim „Lokalaugenschein" wurde ein Autowrack neben die Fahrbahn gestellt und ein „Unfallopfer" lag daneben regungslos in der Wiese. Es dauerte unfassbare sechs Minuten, bis der Erste stehen geblieben ist. „Nur 15 Prozent – knapp jeder Siebente – hielt an, um zu helfen. Von denen, die weiterfuhren, griffen nur zwei zum Handy und alarmierten die Polizei", so ÖAMTC-Verkehrspsychologin und Testleiterin Marion Seidenberger.

__Leiche in Spitzenwäsche.__ – Mord in einer Altbauwohnung neben dem Wiener Stephansdom wird eine Frauenleiche entdeckt. Die Leiche der 48-jährigen Elisabeth W., liegt nur mit Dessous bekleidet, gefesselt im Bett. Einen Monat später wird der mutmaßliche Täter, ein 26-jähriger Tunesier (Foto) an der Côte d'Azur gefasst.

Polizeieinsatz rund um Sarrazin-Auftritt

Für Aufsehen und einen Polizeieinsatz in Graz sorgt der wegen seiner Bevölkerungsthesen umstrittene Buchautor Thilo Sarrazin. Auf Einladung des Bauernbundpräsidenten Fritz Grillitsch referiert Sarrazin in der Seifenfabrik über die Probleme mit Zuwanderung und muslimischen Migranten.

***Es blitzt** zwischen Wolferl und Raini! Die Abrechnung von Wolfgang Ambros (59) sorgt für Debatten. Anlässlich seiner Biografie (Verlag Ueberreuter) grantelt er im Interview über Ex-Freund Fendrich und schimpft über seine Noch-Gattin Margit.*

Menschenjagd mit Mamas Auto ● Zwei 20-Jährige als gesuchte Sniper in U-Haft:

Heckenschützen-Terror in Wien

Der letzte Schuss geht nach hinten los! Nach wochenlangem Heckenschützen-Terror in Wien können die beiden mutmaßlichen Täter endlich gefasst werden. 21-mal sollen die zwei 20-jährigen Schulfreunde mit einer Luftdruckpistole abgedrückt haben. Die Sniper machen mit Mamas Auto regelrecht Jagd auf Menschen.

Von Mitte August bis zu ihrer Verhaftung Ende September halten die beiden Verdächtigen Wien in Atem. Immer wieder schlagen die feigen Heckenschützen in verschiedenen Bezirken der Bundeshauptstadt zu. Schießen aus dem fahrenden Auto wahllos auf Menschen. 18 Opfer werden getroffen und müssen teils operiert werden. Die restlichen drei Fälle sind Sachbeschädigungen.

Der auffällige weiße Opel Astra wird dem Duo schließlich zum Verhängnis. Vier jugendliche Tippgeber können sich das Rekord-Kopfgeld von 22.000 Euro teilen. Denn bei der Überprüfung von 855 baugleichen Autos, die die Polizei-Datenbank ausspuckt, stoßen die Ermittler des Landeskriminalamtes auf das Täterfahrzeug.

Raphael hat den Wagen immer von seiner nichtsahnenden Mutter ausgeborgt. Mit ihm kommt auch sein ebenfalls 20-jähriger Schulfreund Lukas wegen Tatbegehungsgefahr im Wiener Landesgericht in Untersuchungshaft. Offenbar verbindet die Sniper die Lust auf Nervenkitzel. Während Bürokaufmann Lukas aus gutem Elternhaus sich voll geständig und reuig zeigt, ist er von seinem Freund und Komplizen enttäuscht. Denn Raphael selbst will nur gefahren sein, aber nie zur Waffe gegriffen haben. Wiedersehen werden sich beide erst wohl im Prozess wieder . . .

Das ist die Tatwaffe der Heckenschützen: eine Luftdruckpistole. ▶

Sniper-Angst in Wien! Die beiden Täter machen mit Mamas weißem Auto wahllos Jagd auf Passanten. ▶▼

Per Zufall finden Anrainer in einem Weinviertler Keller die Leiche der seit 5 Jahren

Schreckliche Gewissheit: Julia

▲ Bis zuletzt gaben Julias Eltern, ein Lehrerpaar, die Hoffnung nicht auf – der Leichenfund und folgende Zahntests beweisen: die Tote ist Julia.

Knalleffekt im Kriminalrätsel um Julia Kührer: Fünf Jahre nach dem rätselhaften Verschwinden der damals 16-jährigen Schülerin auf dem Hauptplatz ihrer Heimatgemeinde Pulkau (NÖ) wird im Nachbarort eine skelettierte Leiche gefunden. DNA-Analysen bestätigen später die traurige Gewissheit: die Tote ist Julia!

Die dramatische Entwicklung beginnt damit, dass Anrainer in einem Keller in Dietmannsdorf – nur sechs Kilometer von Pulkau entfernt– Knochenreste finden.

Per Zufall! Ein Ball ist beim Spielen in das Kellerloch gerollt. Und bei der Suche finden Nachbarn die Skeletteile! – Sofort werden Kriminalisten alarmiert und der schaurige Fundort untersucht. Dabei taucht dann das gelbe Wörterbuch im Keller auf, das Julia bei ihrem Verschwinden im Rucksack hatte. Während Tatortermittler des LKA Niederösterreich mit der peniblen Spurensicherung beginnen, wird der 50-jährige Hausbesitzer in

▲ Polizisten durchkämmen das Haus, in dessen Keller das Skelett entdeckt wurde.

Feierliche Sakramentenspende im Heiligenstädter Kirchlein

Lauda-Zwillinge nun getauft

Mia & Max mit Papa Niki und Mama Birgit Lauda

Nachdem Österreichs „Universal-Genie“, der zweifache Formel-1-Weltmeister und Airliner Niki Lauda, für seine Kinder wieder in die Kirche eingetreten ist, steht auch der Taufe seiner beiden Blondschöpfe nichts mehr im Weg. Mia und Max, geboren am 16. September 2009, werden zwei Jahre nach ihrer Geburt in der Kirche in Wien-Heiligenstadt feierlich getauft. Die zwei großen Brüder, Mathias und Lukas Lauda, stehen als Paten mit vor dem Altar – und auch Nikis Enkerl ist bei der Feier dabei.

Endlich Energiewende nach Fukushima

Siemens-Atomausstieg

Nach dem Super-GAU von Fukushima hat endlich das große Umdenken auf dem Energie-Sektor eingesetzt. In Deutschland ist der Atomausstieg fix – und sogar Nuklearriese Siemens stoppt seine Atomgeschäfte. „Diese Entscheidung ist eine Antwort unseres Unternehmens auf die klare Positionierung von Gesellschaft und Politik“, so Konzernchef Peter Löscher beim Treffen mit Umweltminister Niki Berlakovich, der warnt: „Wer jetzt noch immer auf Atom setzt, handelt ohne Gewissen.“

vermissten Schülerin

ist tot!

Wien festgenommen. Der Verdächtige hatte in der Nähe von Julias Elternhaus eine Videothek geführt, die 16-Jährige gekannt und ist seit einigen Jahren in die Bundeshauptstadt verzogen.

„Wir stehen mit unseren Ermittlungen wieder ganz am Anfang“, so Hofrat Ernst Geiger vom Bundeskriminalamt. Zwar bestätigen DNA-Analysen, dass es sich bei der Toten um Julia Kührer handelt, doch wie sie zu Tode gekommen ist, bleibt weiterhin ungeklärt. So ist nicht einmal erwiesen, dass Julia ermordet wurde.

Aber auch die kriminaltechnischen Untersuchungen aller drei Autos des mittlerweile enthafteten Hausbesitzers bringen kein Ergebnis. – Der Fall Kührer bleibt weiterhin ein Kriminalrätsel.

Wickie auf großer Fahrt. *– Jonas Hämmerle als oberschlauer Wikinger und Waldemar Kobus als dessen Vater Halvar von Flake begeistern in Christian Ditters herzhafter Cartoon-Verfilmung von „Wickie und die starken Männer“. Doch anders als der „Schreckliche Sven“ kann Rotschopf Wickie dem Brandschatzen und Plündern nicht viel abgewinnen. „Die Kinofans schwelgen in Reminiszenzen“, so „Krone“-Kritikerin Christina Krisch.*

Kriminalfall um „auf Eis gelegte“ 89-jährige Pensionistin:

Neffe versteckt tote Tante in Eistruhe – und kassiert Rente!

Statt in Heimaterde sollte eine Pensionistin (89) in einer Tiefkühltruhe ihre letzte Ruhestätte finden. Das sei ihr letzter Wille gewesen, so ihr Neffe. Der verhaftete Sonderling legte die alte Dame aus Neuhofen a. d. Ybbs (NÖ) auf Eis – und kassierte weiter Pension und Pflegegeld.

▲ Amtlich versiegelt ist die Tür zum Anwesen, in dem die „Minnerl“-Tant auf Eis lag. – Nachbar Florian Mader (80) beschreibt den 47-jährigen Neffen als Sonderling. ▶

Insgesamt hat Neffe Gerhard somit rund 1000 Euro im Monat bezogen. „Wir haben den Nachbarn selten zu Gesicht bekommen“, sagen die geschockten Anrainer. Erst jetzt, wo der makabre Betrug auffliegt, wird den Leuten aus dem Ybbstal klar, warum die betagte Tante seit Juni nie mehr ins Freie gekommen war.

Besorgte Angehörige hatten die Polizei alarmiert. Ermittler rücken aus und machen schon bald die grausige Entdeckung: Die vermisste „Minnerl“-Tant saß nackt in der 100-Liter-Tiefkühltruhe des verwahrlosten Bauernhofes.

Damit die wahre Todesursache nicht im Eis verborgen bleibt, ordnet der Staatsanwalt die Obduktion an. Ganze zwei Tage dauert es, bis die Eingefrorene aufgetaut ist. Das Ergebnis – wie von den Kriminalisten des LKA Niederösterreich richtig eingeschätzt: Die Frau starb altersbedingt an Herzversagen. „Es war kein Gewaltverbrechen“, so Oberst Franz Polzer.

Der 47-jährige Neffe wird somit „nur“ wegen Störung der Totenruhe und Betrugs angezeigt.

Papst Benedikt XVI. wird auch auf dem historischen Platz der Erfurter Kathedrale umjubelt – Sabatina James (oben): „Der Papst rockt!“

Heiligen Vater bläst in Deutschland zumindest teilweise kalter Wind entgegen:

Benedikt XVI. auf Heimatbesuch

Ende September trifft Papst Benedikt zu seiner dritten Deutschlandvisite ein. Die ist allerdings nicht so leicht wie seine beiden vorangegangenen. So boykottieren etwa hundert Abgeordnete seinen Auftritt im Bundestag. Dennoch erlangt der Besuch des Heiligen Vaters mit der Würdigung Luthers eine historische Dimension!

Schon der päpstliche Auftritt in weißer Soutane, mit weißem Pileolus und roten Schuhen am Rednerpult des Deutschen Bundestages in Berlin hat geschichtliche Bedeutung. Der Pontifex Maximus spricht über Brennpunkte der Weltpolitik, der Kirche und der Gesellschaft.

Für Österreich sehr bewegend: Anlässlich der Visite spricht auch Sabatina James, die vom Islam zum Christentum gewechselte junge Frau mit pakistanischen Wurzeln, kurz vor dem Heiligen Vater zu Abgeordneten im Bundestag. Ihr Thema: Christenverfolgungen und der dringend nötige Kampf gegen Zwangshochzeiten, Hassprediger und Ehrenmorde.

Spiritueller Höhepunkt ist das Treffen mit dem Rat der evangelischen Kirche auf historischem Boden: dem Kapitelsaal des Augustinerklosters in Erfurt, in das Martin Luther 1505 eingetreten war. – Jetzt würdigt der Papst Luther als „leidenschaftlichen Gottessucher“.

Raabs historische Zither gerettet

Der eine sang, der andere griff in die Saiten der Zither. Im überlieferten Duett machten Leopold Figl und Julius Raab (kl. Foto) ihren russischen Vertragspartnern den Staatsvertrag schmackhaft. Das legendäre „Reblaus“-Instrument wird vom Antiquitätenhändler Josef Renz aus Wilhelmsburg gerettet. Der überzeugte Patriot will den Nachlass des Staatsvertragskanzlers bewahren.

Flüchtiger 5-fach-Mörder in Wiener U-Bahnstation gefasst

Während die Eliteeinheit Cobra vor einem Wiener Innenstadt-Café lauert, „stolpert“ ein aufmerksamer Streifenpolizist quasi über einen Serienkiller: Der 32-jährige Zsolt B. wird in seiner Heimat Ungarn wegen fünf Folter-Morden gesucht! Der Verhaftete, der sich mit einem absurden Polizei-T-Shirt sowie auffälliger Maskerade über die Kriminalisten lustig machen wollte, chattete auf einer Kontaktseite im Internet mit Frauen. Ausschlaggebend für den Fahndungserfolg in der U-Bahn: das Beobachtungstalent des Polizisten.

Krone-Chronik September 2011

- Sissy Löwinger, beliebte Volksschauspielerin und Leiterin der legendären Löwinger-Bühne, stirbt in ihrer Heimatgemeinde Altlengbach (NÖ) im Alter von 70 Jahren an einem Lungeninfarkt.
- Jubel unter Europas Nukleargegnern: Aus für die Atomenergie auch in der Schweiz! Die Eidgenossen verbieten den Bau neuer Atommeiler.
- Todesdrama um eine Pferdesportlerin: Auf dem Turnierplatz der Militärakademie Wr. Neustadt wird Irene Dempsey (31) unter ihrem Pferd begraben. Sie hinterlässt eine zehnjährige Tochter.
- Drei Monate nachdem er bei Kämpfen in seinem Palast verletzt worden war, kehrt Langzeitdiktator Ali Abdullah Saleh (69) in den Jemen zurück.
- Erfolg im Kampf gegen Raucher: In New York greifen von allen 18- bis 24-Jährigen nur noch 13,6% zur Zigarette. 2002 waren es noch 23,8%.

Dubai-Arzt droht Todesstrafe im Wüstenstaat!

Der haltlose Vorwurf, dass er in Dubai Sterbehilfe geleistet habe, bringt den Bad Ischler Arzt Dr. Eugen Adelsmayr im Wüstenstaat vor Gericht. Der Intensivmediziner, der im Spital die Intensivstation leitete, wird wegen Mordes angeklagt. Ihm droht deshalb sogar die Todesstrafe! Mit diplomatischem Geschick gelingt es dem Außenministerium, eine Ausreisegenehmigung für den Angeklagten zu seiner kranken Frau in die Heimat zu erwirken. „Lieber ein Ehrenmann als ein Feigling", erklärt der 52-Jährige im Interview mit Conny Bischofberger, weshalb er sich den weiteren Prozessen in Dubai stellen will.

Zuschauerrekorde bringt der Neueinstieg von Ashton Kutcher (ob. M.) in der TV-Serie „Two and a half Men". Nach dem Rauswurf von Charlie Sheen (re.) war die Neugierde des Publikums nahe grenzenlos. Doch mit Kutchers Seitensprungaffäre sinken die Einschaltquoten wieder rapide.

Ministerin Mikl-Leitner setzt sich durch

Neuer Anti-Terrorplan: Einzelne überwachen!

Nach dem schrecklichen Attentat von Oslo wurde der Ruf nach strengeren Anti-Terror-Gesetzen laut. Ende September einigen sich SPÖ und ÖVP auf einen wesentlichen Punkt: Demnach sollen künftig auch verdächtige Einzelpersonen überwacht werden.

Vor allem Innenministerin Johanna Mikl-Leitner hatte vehement gefordert, die Überwachung von Einzelpersonen in den Gesetzesentwurf zu übernehmen. Denn die Ergebnisse der Geheimdienstanalysen hatten gezeigt, dass der Trend auch bei Anschlägen zu Einzeltätern geht. Bisher war die sogenannte „erweiterte Gefahrenforschung", die Datenspeicherung von Verdächtigen, nur für Gruppen ab drei Personen möglich.

Weiters: Künftig gelten auch die Anleitung und das Gutheißen solcher Delikte als terroristische Straftaten. Cobra & Polizei erhalten zusätzliche 10 Millionen Euro.

Kuh-Retter Michael Aufhauser

„Yvonne" wehrt sich noch – was sie da nicht weiß: auf Gut Aiderbichl wartet ein Leben wie im Paradies.

Es geht nicht um diese Kuh

Während Hunderttausende Menschen am Horn von Afrika verhungern, wird bei uns mit gewaltigem Aufwand eine Kuh im Wald gesucht.

Nun, Michael Aufhauser von Gut Aiderbichl bei Henndorf geht es mit seiner spektakulären Aktion nicht um diese Kuh. Er will vielmehr das Bewusstsein für die Tiere verstärken und vor allem die Bedeutung der „Rindviecher" in der weitgehend von Chemie bestimmten Agrarproduktion hervorheben.

Michael Aufhauser spendet auch sehr viel für soziale Projekte. Nur macht er das im Stillen.

HANS PETER HASENÖHRL

Auf Gnadenhof Aiderbichl erwartet sie ein Leben wie im Paradies

„Problemkuh Yvonne": Nach 98 Tagen Flucht eingefangen

Von Wien bis Shanghai: Die Geschichte der Salzburger Kuh „Yvonne" geht um die Welt! Dem Tod auf der Schlachtbank entronnen, narrt das Fleckvieh wochenlang seine Häscher. Nach 98 Tagen hat die atemberaubende Flucht ein Ende. Statt dem Schlachter wartet aber nun im Gut Aiderbichl ein Leben wie im Paradies.

Selbst Zeitungen in New York ist Kuh „Yvonne" eine Schlagzeile wert. Mehr als drei Monate kann sie in den bayrischen Wäldern immer wieder untertauchen. Lässt Jäger und Suchmannschaften verzweifeln. Nach 98 Tagen Flucht hat die Ausreißerin ihr Dasein als „Reh" aber satt – und gesellt sich zu vier Kälbern auf einem Bauernhof. Doch so leicht lässt sich „Yvonne" trotzdem nicht einfangen. Wegen Bodennebels rückt Prof. Henning „Crocodile Dundee" Wiesner mit dem Blasrohr an. Ein Betäubungspfeil reicht aber gar nicht aus. „Erst beim zweiten Schuss ist sie eingeschlafen", so Britta Freitag, Sprecherin des Gutes Aiderbichl von Michael Aufhauser.

Nach dem Aufwachen dann die herzzerreißende Familienzusammenführung auf dem Gnadenhof im deutschen Deggendorf: „Yvonne" läuft schnurstracks zu Sohn „Friesi" – ein tierisches Happy End!

◄ Bauer Konrad G. lockt „Yvonne" in eine Falle und sichert sich so die 10.000 Euro Kopfgeld von der deutschen „Bild"-Zeitung.

„Moneymakers": 26 Banküberfälle

Weil bei einem Coup das Sackerl mit dem „Moneymaker"-Logo reißt und die Täter das Geld mit den Armen davontragen, nennen sich Serienbankräuber fortan nach der gleichnamigen ORF-Show. Mit der Verhaftung von drei Verdächtigen klären Wiener Ermittler die größte Überfallsserie des Landes.

Heimische Forscher schreiben Geschichte

Carnuntum & Ephesos: Archäologie-Sensation

Eine archäologische Sensation jagt die andere! Nachdem in Petronell-Carnuntum (NÖ) die größte bisher bekannte römische Gladiatorenschule gefunden wird, entdeckt die Kärntnerin Sabine Ladstätter mit ihrem Team in Ephesos (Türkei) einen monumentalen Prachttempel.

Ephesos, die unweit des heutigen Izmir gelegene ehemalige Hauptstadt der römischen Provinz Asia, ist seit Jahrzehnten österreichisches „Grabungsterritorium". Bei dem aus der türkischen Erde geholten Sensationsfund handelt es sich um einen monumentalen Bau aus dem fünften nachchristlichen Jahrhundert. „Krone"-Redakteur Fritz Kimeswenger: „Der Tempel war für Kaiser Domitian."

Kurz zuvor sind die heimischen Forscher auch in Niederösterreich erfolgreich: Experten des Ludwig-Boltzmann-Instituts finden mittels Bodenradar die ehemalige Gladiatorenschule Carnuntums. „Nun wird digital ein exaktes Bild der Anlage erschaffen, die sich über rund einen Hektar ausdehnt und den Kämpfern als Ausbildungs- sowie Wohnstätte gedient hat", so „Krone"-Redakteur Lukas Lusetzky.

Sabine Ladstätter legt diesen Tempelboden in Ephesos frei.

Leila ist Schönste im Universum

Sie ist die schönste Frau der Welt: Die 25-jährige Angolanerin Leila Lopes darf sich das Krönchen der „Miss Universe 2011" aufsetzen. Bei der mit Glamour, Eleganz und einem Hauch von Erotik – Abendkleid und Bikini – über die Bühne gehenden Finalrunde in der Metropole São Paulo kann sich die sexy Studentin aus Afrika gegen ihre Konkurrentinnen aus der Ukraine (Platz 2 für Olesia Stefanko) sowie Brasilien (Drittplatzierte wird Priscilla Machado) durchsetzen.

Ein Enthüllungsbuch über Jackie Kennedy *sorgt nicht nur in den USA für Aufregung. So schildert die junge Witwe kurz nach der Ermordung von US-Präsident John F. Kennedy unter anderem, dass ihr Ehemann nach dem Blutbad in der Schweinebucht geweint habe. Das Werk sollte eigentlich erst 50 Jahre nach dem Tod der 1994 verstorbenen First Lady erscheinen.*

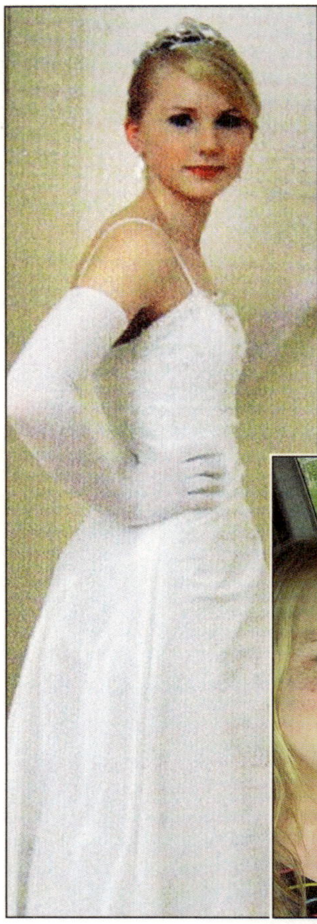

Claudia als Opernball-Debütantin und mit ihrem Freund im Auto

18-Jährige macht mit Freund Schluss ● Student sticht 20-mal zu

Mord an Opernball-Debütantin: Beziehungsende als Todesurteil

Messer-Mord an einer Opernball-Debütantin zur Geisterstunde in Wien: Weil er nicht verkraftet, dass seine 18-jährige Freundin mit ihm Schluss machen will, greift ein um drei Jahre älterer Kärntner Jus-Student zum Küchenmesser – und tötet seine bildhübsche Liebe mit 20 Stichen!

Gegen Mitternacht eskaliert der Streit im 5. Wiener Gemeindebezirk. Der angehende 21-jährige Akademiker Tobias rennt plötzlich in die Küche der geräumigen Mietwohnung und greift sich ein Messer. Wie von Sinnen rammt er immer wieder die 30 Zentimeter lange Klinge in die Brust seiner großen Liebe, der Steirerin Claudia Lercher. Die 18-jährige Opernball-Debütantin hat keine Chance.

Als die Polizei eintrifft, ist das bildhübsche, lebensfrohe Mädchen – es hat einen Model-Vertrag in der Tasche – bereits tot. Hilflos verblutet an gezählten 20 Messerstichen. Im Verhör gesteht der verdächtige Kärntner den ermittelnden Kriminalisten: „Ich habe es nicht verkraftet, dass sie nach drei Jahren Schluss machen wollte.“ Erklären kann sich die Bluttat im Verwandtenkreis von Täter und Opfer niemand: Selbst Claudias Onkel sagt noch immer, dass er eigentlich „ein netter Kerl“ war . . .

EU-Grenzen löchrig: Asylzahlen steigen

Die Griechenland-Krise sorgt für steigende Asylzahlen in Österreich! Weil hellenische Beamte die EU-Außengrenze kaum kontrollieren, haben die Menschenhändler – via Serbien und Ungarn – freie Fahrt in unser Land. In Bussen mit raffinierten, per Fernbedienung zu öffnenden Verstecken (siehe Grafik oben), eingepfercht in Kastenwägen oder einfach neben der Donau nahe Wien „ausgesetzt“: binnen weniger Tage greift die heimische Polizei Dutzende Illegale, vorwiegend aus Afghanistan und Pakistan, auf. Im Vergleich zum Vorjahr schnellen die Anträge auf Asyl bis einschließlich September um 28 Prozent in die Höhe. Innenministerin Mikl-Leitner schickt darauf rotweißrote Beamte zur ungarisch-serbischen Grenze und fordert von der EU im Gespräch mit „Krone“-Redakteur Klaus Lobnegger „endlich den Aktionsplan für Griechenland zu Asyl und Migration umzusetzen“.

Krone-Chronik September 2011

- Reste einer slowakischen Zeitung am Tatort neben dem Liesingbach in Wien entlarven die Mörder eines Austro-Hindus: 3 Täter werden verhaftet.
- Zum 10. Jahrestag des Anschlags auf das World Trade Center (9/11) wird ein Denkmal mit den Namen der 2982 Toten samt Wasserfälle, die an die einstürzenden Türme erinnern, feierlich eröffnet.
- Seine Rolle als böser Handlanger im ersten „Austin-Powers“-Film macht Joseph Son weltbekannt. Jetzt wird er wegen Entführung und Vergewaltigung einer 19-Jährigen im Jahr 1990 zu lebenslanger Haft verurteilt.
- Jetzt ist er reicher statt reich: „Marriott“-Hotelerbe Brian McCarty tippt aus Langeweile Lotto und knackt den Mega-Jackpot mit fast 50 Millionen €.
- Den Großonkel ersticht ein 17-jähriger Lehrling im Salzburger Pongau. „Das spätere Opfer soll die Mutter des Täters belästigt haben“, so „Krone“-Redakteurin Iris Wind.

Das Wiesn-Playmate ist heuer die süße Münchnerin Katharina Wyrwich. Die 24-Jährige liebt neben einem Leben auf dem Land mit eigener Familie in Schokolade gehüllte Früchte und Horror-Filme. Das Oktoberfest zieht heuer übrigens fast sieben Millionen Besucher an.

▲ Zuerst will der gerettete Kaiserpinguin nicht ins Wasser. Erst nach einem kleinen Schubs gleitet „Happy Feet" hinein – doch dann verliert sich seine Spur. ▶

Geretteter Seevogel mit Peilsender in Freiheit – aber:

Drama um „Happy Feet": Pinguin im Meer verschollen

Die Geschichte um einen 3000 Kilometer von seiner Heimat Antarktis in Neuseeland gestrandeten Kaiserpinguin bewegt nicht nur Tierfreunde. Nachdem „Happy Feet" wieder in Freiheit entlassen wird, verliert sich seine Spur im Ozean.

Das kranke Tier von der Gattung der Seevögel wird auf einem Strand in Neuseeland gefunden. Liebevoll aufgepäppelt, bringt den Kaiserpinguin ein Schiff zu den Campbell-Inseln zwischen Neuseeland und der Antarktis. Ausgestattet mit einem Peilsender, gleitet der ängstliche „Happy Feet" – er will zuerst nicht ins Wasser – nach einem kleinen Schubs über eine Spezialrutsche ins Meer. Doch auf dem Weg in seine Heimat verliert sich die Spur des Pinguins – das Signal ist tot . . .

„Die Große Chance": Wirbel um Rüpelrapper

Eine neue ORF-Castingshow sorgt nicht nur mit den Bühnentalenten, sondern auch mit einem Streit zwischen Rüpel-Juror Sido und „Krone"-Briefschreiber Jeannée für Wirbel.

Der deutsche Rapper und unser Starkolumnist geraten ordentlich aneinander. Als Michael Jeannée seinen Freund und Heurigenwirt Martin Zimmermann als Geräuschimitator ankündigt, lässt Sido dem Duo keine Chance. Das ist allerdings nicht die einzige Aufregung bei der von Fernseh-Beauty Doris Golpashin, Andi Knoll und „Mikromann" Tom Walek moderierten Talentsuche (der Sieger erhält 100.000 Euro). Vom ORF unerkannt ausgestrahlt, spielt ein 68-Jähriger mit seiner Mundharmonika eine Melodie, die einem verbotenen Nazi-Lied sehr ähnelt.

Rüpelrapper Sido, Sängerin Zabine, Zirkusdirektor Bernhard Paul und Ballerina Sarkissova (v. li.)

Atom-Ausstieg: Österreich hilft Deutschland mit Strom

Damit Deutschland nach der Abschaltung von (veralteten) Atommeilern die Energie im Winter nicht ausgeht, hilft Österreich als Stromlieferant aus! Wie „Krone"-Redakteur Gernot Buchegger recherchiert, sichert die Bundesnetz-Agentur unserem Nachbarland 1075 Megawatt zu. Ein Großteil davon stammt sogar aus Niederösterreich. Die heimische Versorgung soll aber trotzdem sichergestellt sein.

Nach 42 Jahren Macht:

● NATO-Raketenangriff stoppt Diktator-Konvoi

● Tyrann raubte seinem Volk 200 Milliarden $

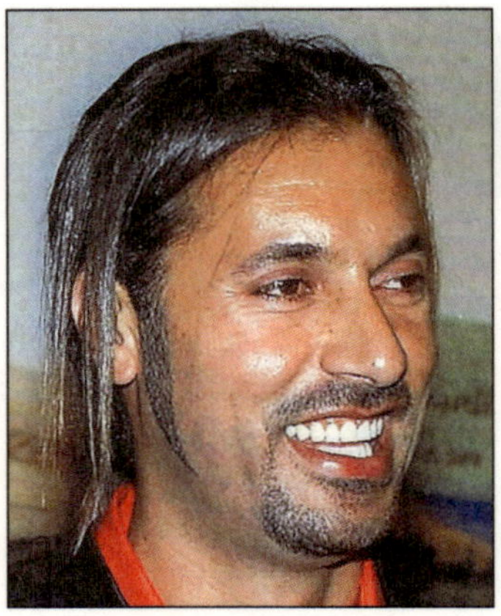

Am 20. 10. getötet: Mutassim

In Algerien: Hannibal Gadafi . . .

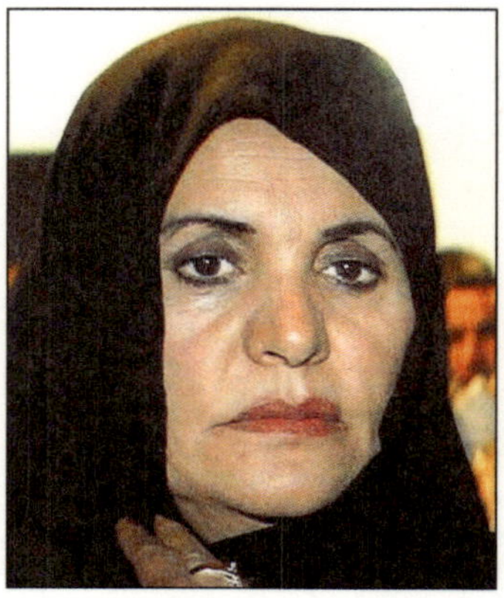

. . . und seine Mutter Safia

Libyen ist befreit, der Krieg ist vorbei – Muammar Gadafi (69) ist tot! Der Ex-Diktator wird auf der Flucht aus seiner bis zuletzt umkämpften Heimatstadt Sirte erschossen – auch sein Sohn Mutassim wird beim Fluchtversuch getötet. Nachdem das Satelliten-Telefon des Diktators geortet worden war, hatten NATO-Jets den Konvoi unter Beschuss genommen und gestoppt . . .

Nach NATO-Bombardements, blutigen Kämpfen und bis zu 50.000 Toten im libyschen Bürgerkrieg fällt im August mit Tripolis die letzte Hochburg des Regimes: Gadafi und seine Familie ergreifen vor den Rebellen die Flucht. Dem verhassten Revolutionsführer sowie seinen Kindern droht der Strang.

Zuvor endeten tagelange Kämpfe um die Hauptstadt zwischen Rebellen und Gadafi-treuen Truppen in einem Blutbad mit Tausenden Toten und Verwundeten. Geschockte Reporter beschreiben das Grauen nach der Revolution. So türmen sich etwa im Krankenhaus und im für Folterungen berüchtigten Abu-Salim-Gefängnis Leichenberge. Es sind Menschen, die von Söldnern des Herrschers eiskalt erschossen worden sind.

Dass Gadafis gut organisierter Unterdrückungsapparat nach sechsmonatigem Bürgerkrieg zusammenbricht, wäre ohne Hilfe des NATO-Raketenhagels mit Kampfjets und Kriegsschiffen kaum beziehungsweise bei Weitem nicht so schnell möglich gewesen.

Nach der Flucht des Diktators und seiner Familie offenbart sich jedenfalls der unglaubliche Reichtum des Gadafi-Clans: Privatjet, Goldsessel, Schwimmbad und andere Protzereien müssen für die teils von der Hand in den Mund lebenden Menschen einer Verhöhnung gleichkommen . . .

Tatsächlich hatte der habgierige Tyrann ein Vermögen von 200 Milliarden Dollar in Form von Bargeld, Bankkonten, Immobilien, Goldreserven etc. angehäuft.

Die Rebellen jagten Gadafi im ganzen Land. Aus seinem Versteck meldete sich der Diktator immer wieder mit martialischen Audio-Botschaften. „Ich werde mit einer Pistole bis zum Tod kämpfen, als Märtyrer sterben“, so eine der großmauligen Wortmeldungen.

Am 20. Oktober wird Gadafi bei einem NATO-Angriff verwundet und fällt samt seiner goldenen Pistole noch lebend in die Hände der Rebellen, bevor er stirbt! Die genauen Todesumstände bleiben wohl immer ungeklärt. Nach dem Freudentaumel steht Libyen vor einer schweren, ungewissen Zukunft.

Untergetaucht: Saif al-Islam

Auch in Algier: Aisha Gadafi

Gadafi auf der Flucht getötet!

▲ *In diesem Kanalrohr versuchte Gadafi erfolglos, sich zu verstecken.*
◀ *Die Todesnachricht lässt Libyen im kollektiven Freudenrausch versinken. – Das Lachen ist den gestürzten Herrschern um den getöteten Gadafi mittlerweile vergangen: Tunesiens Ben Ali, Jemens Saleh, Gadafi und Ägyptens Mubarak* ◀ *(von links).*

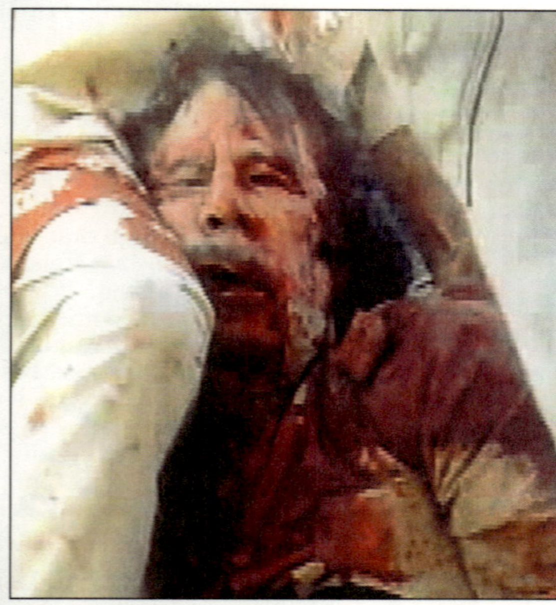

▲ *Blutiges Ende eines Diktators: der tote Gadafi. – Eine goldene Meerjungfrau im Palast, auf der ein Rebell stolz fürs Foto posiert, zeigt den absurden Prunk, mit dem sich der habgierige Gadafi umgab.* ▼

Knalleffekt im Berufungsprozess um Sex-Mord an Studentin ● Gericht erkennt

Freispruch

Vom „Engel mit den Eisaugen" zum Unschuldsengel: Im zweiten Prozess um den Mord an der Britin Meredith Kercher werden die zu 26 bzw. 30 Jahren Haft verurteilte Amerikanerin Amanda Knox und ihr „Komplize" Raffaele Sollecito im italienischen Perugia freigesprochen. Trotzdem bleiben viele Fragen offen.

In diesem Haus wird die britische Studentin ermordet.

Amanda Knox (li.) und Sollecito sind frei. Bleibt der Mord an Meredith Kercher (Mitte) ungesühnt?

Die damals 21-jährige Britin Meredith Kercher wird im November 2007 missbraucht, gewürgt und schließlich erstochen in einem Haus aufgefunden, das sie gemeinsam mit Mitstudentin Amanda Knox bewohnt. Die junge Amerikanerin, ihr Freund Raffaele Sollecito und ein weiterer Mann werden des Mordes im Sex- und Drogenrausch angeklagt. Der Prozess geht nicht zuletzt wegen des attraktiven „Engels mit den Eisaugen" um die Welt.

Doch vier Jahre später sitzt nur mehr der damals Drittangeklagte Rudy Gude hinter Gittern. Denn beim spektakulären Berufungs-

Marcel wer? ● Arbeitsloser Coach übernimmt Rotweißrot:

Schweizer neuer Nationaltrainer

Was hat er, was andere nicht haben? Der Schweizer Marcel Koller – seit zwei Jahren arbeitsloser Vereinstrainer – übernimmt die österreichische Fußballnationalmannschaft. Der Vertrag läuft bis zum Ende der WM-Qualifikation für Brasilien 2014.

Wegen Erfolglosigkeit in der EM-Qualifikation tritt der Tiroler Dietmar Constantini noch vor den letzten beiden Spielen zurück. Nach kurzem Suchen präsentieren ÖFB-Chef Leo Windtner und Sportdirektor Willi Ruttensteiner (er springt als Kurzzeitteamchef für die Osttour nach Kasachstan und Aserbaidschan ein) einen Überraschungskandidaten: Der Schweizer Vereinstrainer Marcel Koller – seit seinem Abgang beim deutschen Verein Bochum arbeitslos – soll künftig Österreichs Kicker auf Vordermann bringen. Während einige Fußballexperten kritisieren, dass es keine österreichische Lösung gibt, fordern andere dem 51-Jährigen eine Chance zu geben.

Ein Schweizer trainiert künftig unsere Stars.

Krone-Chronik Oktober 2011

- Wegen der Havarie des Containerschiffs „Rena" an einem Riff vor Tauranga, Neuseeland, kommt es zu einer Ölpest.
- Nach einer Messerattacke auf einen Schaffner in Frankreich legen zahlreiche Kollegen aus Protest die Arbeit nieder. Die Folge ist ein Bahnchaos.
- Ein „Kampfhahn" wird Briefträgerin Carmen Schrems in Oberösterreich zum Verhängnis. Der rabiate Gockel schlägt seine Krallen ins Bein der Postlerin – Spital!
- Schock für 57 Passagiere eines AUA-Airbus. Die Maschine wird von einem Blitz getroffen.

schwere Ermittlungsfehler ● Prozess macht Amanda Knox zur Multimillionärin

für „Engel mit den Eisaugen“!

prozess samt emotionalem Plädoyer („Ich bezahle mit meinem Leben für etwas, das ich nicht getan habe“) setzt es für Knox und ihren früheren Geliebten Freisprüche! Das Gericht sieht schwere Ermittlungsfehler.

Bei ihrer Rückkehr in die USA wird die heute 24-Jährige dann frenetisch gefeiert. Der Verkauf ihrer Geschichte dürfte sie zur Multimillionärin machen. Geschockt zeigt sich indes die Familie des Mordopfers: „Wir verstehen nicht, wie aus einem eindeutigen Schuldspruch ein Freispruch wurde.“

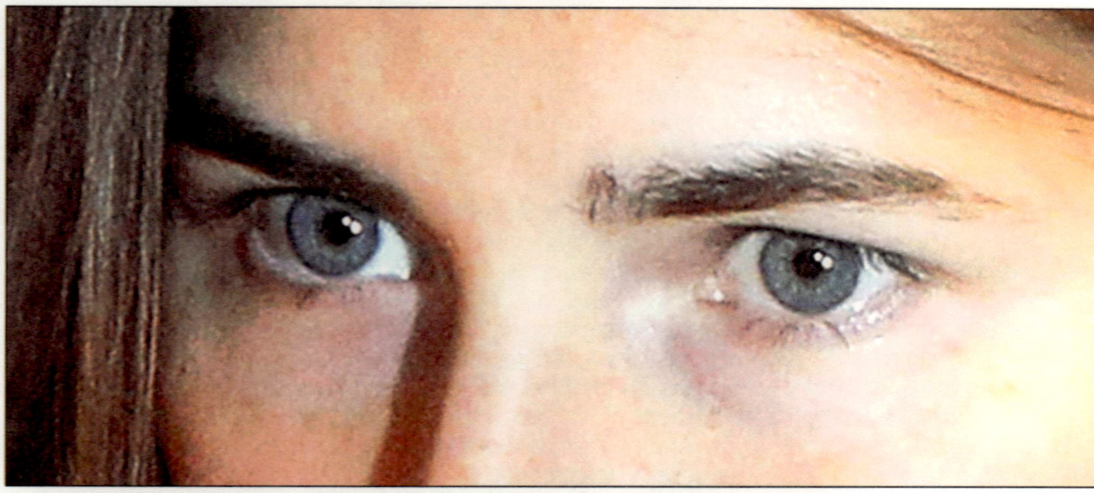

„Engel mit Eisaugen“: Der Blick der vom Mord freigesprochenen Amanda Knox geht um die Welt.

Nach Zerschlagung von A-Tec sind für Großindustriellen alle nur nicht er schuld

Kovats: „Ich bin fast mittellos“

Paukenschlag um den Verkauf des insolventen A-Tec-Konzerns: Nach einem Jahr sind Verhandlungen für eine Gesamtlösung gescheitert, die Firmengruppe mit rund 5000 Beschäftigten wird nun vom Masseverwalter zerschlagen! Für Unternehmensgründer Mirko Kovats („bin heute fast mittellos“) sind alle anderen schuld.

Selbstkritik zählt nicht zu den Stärken des 62-jährigen Großindustriellen. Die heimischen Banken, ein Mitbieter, der gegen die dubiose Lösung mit einem Kovats-Vertrauten Klage eingereicht hat, und Anlegerschützer seien schuld daran, dass der Verkauf der A-Tec als Ganzes geplatzt sei. „Krone“-Wirtschaftsredakteur Manfred Schumi: „Jetzt kommt es zum Abverkauf der drei Firmen ATV, Emco und Montanwerke Brixlegg.“ Gläubige können wohl maximal mit einer 30-Prozent-Quote rechnen.

In seiner persönlichen Abrechnung beleuchtet Mirko Kovats auch seine finanzielle Lage: „Ich bin heute fast mittellos, habe nur ein paar Schulden und ein geleastes Haus.“ Das freilich glaubt die Staatsanwaltschaft Wien nicht so recht. Die Justiz sucht bis zu 50 Millionen Euro und ermittelt im undurchsichtigen Stiftungsgeflecht, ob der schillernde Unternehmer (für ihn gilt die Unschuldsvermutung) Privatvermögen verschoben hat. Es geht um den Verdacht der Untreue und der Bilanzfälschung. Bei einer Razzia im Unternehmenssitz und der Kovats-Villa werden kistenweise Dokumente beschlagnahmt.

A-Tec-Gründer Mirko Kovats bezeichnet sich als mittellos. Einen Privatkonkurs will er vermeiden: „Vielleicht kann ich etwas umschulden.“ Seine imposante Privatvilla am Wiener Stadtrand sei „ja nur geleast“ . . . ▶

Verkehrsunterricht: Prügel für Polizisten

Diesen Autofahrer sollten sich Kinder nicht zum Vorbild nehmen! Als Schüler mit Polizisten in Oberwart bei der Verkehrserziehung über einen Schutzweg wollen, braust ein Lenker (71) an ihnen vorbei. „Zur Rede gestellt, schlägt der Rowdy dem Inspektor die Nase blutig“, so „Krone“-Redakteur Karl Grammer.

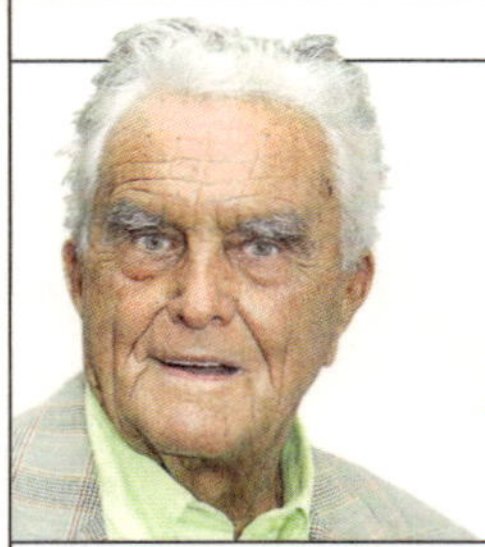

Staberl

Ungenützte Potenziale

Weithin in der Welt wird jetzt das große Sparen ausgetrommelt. Nicht nur in Griechenland, Portugal und ähnlichen Pleitekandidaten, sondern sogar in Amerika wird in diesen Tagen eine trotzige Parole ausgegeben: „Von nun an muss eisern gespart werden – egal, wie viel es kostet!"

Uns Österreicher beeindrucken solche Sparpläne wenig bis gar nicht. Bei uns ist, völlig erfolglos, schon zum großen Sparen aufgerufen worden, als Staberl noch lang nicht bei der „Krone" war, ja als es noch nicht einmal diese erst im Frühjahr 1959 wieder gegründete „Neue Kronen Zeitung" gegeben hat!

Dabei gäbe es bei uns riesige ungenützte Sparpotenziale. Als uns einst mit dem EU-Beitritt eine oberste Verwaltungsinstanz verpasst wurde, hätten wir nach Adam Riese zumindest die unterste unserer Instanzen, nämlich die Bezirkshauptmannschaften, ersatzlos abschaffen müssen. Das wäre ja eh nur ein ganz kleines Fischlein gewesen – im Vergleich zu ganz anderen ungenützten Sparpotenzialen.

Hier hat einmal der steirische ÖVP-Mandatar Gerhard Hirschmann wider alle österreichischen Bräuch die Reduktion unserer neun Bundesländer auf drei „Regionen" vorgeschlagen. Wie logisch doch! Da blicken wir etwa über unsere nördliche Grenze, wo sich rund elf Millionen Bayern in ihrem Freistaat nur einen einzigen Ministerpräsidenten und ein einziges Landesparlament leisten. In Kalifornien gibt es sogar für 24 Millionen Einwohner nur einen Gouverneur und ein Parlament. Unser kleines Österreich leistet sich für kaum neun Millionen Einwohner dies:

Neun Landeshauptleute! 16 Landeshauptmann-Stellvertreter! Und neunerlei Gesetzgebungen von oft skurriler Art. Da notiert etwa die Besäufnisgrenze für Jugendliche je nach Bundesland völlig verschieden. Auch die Formate der in den Wirtshäusern aufgelegten Papierservietten waren seit jeher „Landessache" wie etwa Bauordnungen, Flächenwidmungspläne, der Tierschutz und vieles mehr. Das hätte sich allenfalls der kauziggeniale Herzmanovsky-Orlando einfallen lassen.

Mehr hat er seinerzeit nicht gebraucht, der Hirschmann! Einmütig wie sonst nie sind alle Parteien zwecks Verteidigung des föderalistischen Prinzips über ihn hergefallen, die eigenen schwarzen Parteifreunde keineswegs ausgenommen. Ein besonders apartes Argument der forschen Verteidiger des sündteuren Neun-Länder-Systems (und der damit verbundenen Futterkrippen für treue Parteisoldaten!) lautete: Nur die Bundesländer garantieren die „kulturelle Identität" der Österreicher.

Seither dürfen wir rätseln, worin doch wohl der Unterschied in der kulturellen Identität eines Einwohners von, sagen wir, Bruck an der Mur und eines solchen von Bruck an der Leitha bestehen möge. Hier könnte uns nur noch ein Gstanzl aus dem unerschöpflichen Born der bodenständigen Spruchweisheit weiterhelfen:

„In Bruck an der Mur geht ewig nix weiter – in Bruck an der Leitha san s' aa ned vü g'scheiter."

Kein Schiff wird kommen – Griechenland zieht Europa in den Abgrund

***Die Lage ist ernster,** als viele glauben. Politiker errechnen den Horror einer Pleite Griechenlands: die Schulden von heute 350 Milliarden € erhöhen sich jährlich um 30 Milliarden. Erfreulich: Die Slowaken stimmen dem Griechenland-Rettungsschirm zu.*

Wien: ehemalige Zöglinge packen aus

Missbrauch im Heim am Wilhelminenberg

Sadismus, Schläge und Sex mit Schulmädchen! – Im Kinderheim am Wilhelminenberg wurden Kinder in den 70er-Jahren misshandelt und vergewaltigt. Nun vertrauen sich einstige Opfer einem Anwalt an und packen aus!

Nach Jahrzehnten des Verdrängens machen zwei Schwestern den ersten Schritt: Sie schildern ihr Martyrium Anwalt Johannes Öhlböck und gehen an die Öffentlichkeit. 150 ehemalige Opfer brechen daraufhin ebenfalls ihr Schweigen – und schildern in bewegenden Interviews, wie sie misshandelt, physisch gebrochen und sexuell missbraucht wurden. Wiens Jugendstadtrat Christian Oxonitsch setzt eine „SoKo Kinderheim" ein, die alle vertuschten Fälle klären soll.

***Flammendes Inferno** beim letzten Lauf zur IndyCar-Serie in Las Vegas: Bei einem der fürchterlichsten Unfälle der Motorsportgeschichte, in den 15 Autos verwickelt waren, kommt der Engländer Dan Wheldon (Foto), der den Klassiker zweimal gewonnen hat, ums Leben.*

Krone-Chronik Oktober 2011

- Nach 13,5 Stunden Verhandlungsmarathon wird man sich am 18. Oktober einig: Die 165.000 Beschäftigten der Metallindustrie verdienen ab 1. November im Schnitt um 4,3 Prozent mehr.
- Die Griechenland-Krise lässt die Flüchtlingszahlen auch in Österreich explodieren: Weil die hellenische EU-Grenze löchrig ist, haben Menschenhändler praktisch freie Fahrt. Die Asylanträge stiegen um ein Drittel!
- Die Media-Analyse weist die „Kronen Zeitung" einmal mehr als unangefochtenen Reichweiten-Kaiser unter den Tageszeitungen aus: 2,7 Millionen Österreicher lesen täglich die „Krone" (37,9 Prozent Reichweite).
- Nach fünf Jahren Geiselhaft in den Fängen der palästinensischen Terrororganisation Hamas wird der israelische Soldat Gilad Schalit (25) gegen 1027 palästinensische Häftlinge ausgetauscht.

Drei Beziehungsdramen mit sechs Toten binnen sechs Tagen

Ehefrau wollte die Trennung: Mord einen Tag vor Scheidung

Unheimliche Serie tödlicher Ehedramen in Österreich! Bei drei Bluttaten innerhalb von nur sechs Tagen sterben sechs Menschen. Das Motiv ist jeweils die bevorstehende Scheidung. Besonders erschütternd: In einem Fall erschießt ein Mann seine um 19 Jahre jüngere Frau im Bett neben der schlafenden Tochter (14)!

Die letzte Familientragödie ereignet sich in Mödling (Niederösterreich). Weil seine Frau, eine Hebamme, einen Freund haben soll, schleicht sich ein eifersüchtiger Unternehmer (71) in der Nacht in das Zimmer der gemeinsamen Tochter und richtet seine dort schlafende 52-jährige Frau mit drei Schüssen im Bett neben der Schülerin hin. Dann richtet sich der Täter selbst.

Im zweiten Fall in Niederösterreich ersticht ein zweifacher Familienvater seine Frau und erhängt sich dann im Schuppen hinter dem Haus. Und ebenfalls mit einem Messer tötet ein 62-Jähriger seine Noch-Gattin (58) in Parndorf (Burgenland). „Nur einen Tag vor der Scheidung", so „Krone"-Redakteurin Sabine Oberhauser. Nach einer SMS an seinen Sohn, dem er die Schuld an der Bluttat gibt, erschießt sich der pensionierte Maurer mit einem Gewehr.

***Die Steinhofgründe** rund um die Anstaltskirche müssen gerettet werden! „Da das Kulturerbe Otto Wagners samt Grünoase von einem Monsterprojekt mit 600 Wohnungen bedroht wird, steigen die Bürger auf die Barrikaden", so „Krone"-Ressortchef Peter Strasser.*

In diesem Haus in Parndorf kommt es zum Ehedrama.

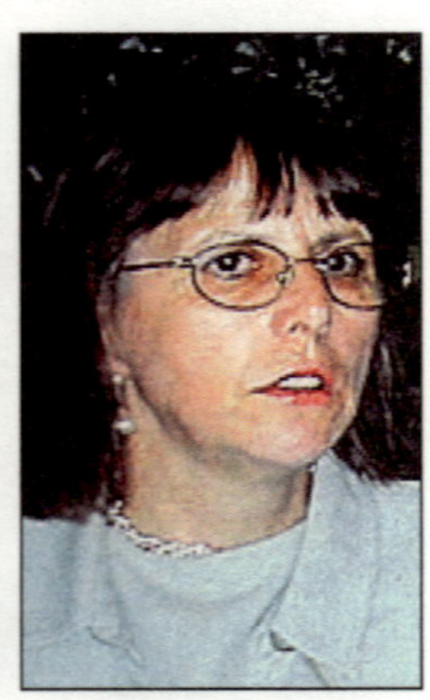

Tot: Christine G. (58)

Ehemann Werner (71)

Mit erst 24 Jahren der jüngste Doppel-Weltmeister

Formel-1-Triumphzug für Red Bull: Vettels 2. Streich

Mit erst 24 Jahren krönt sich der deutsche Überflieger Sebastian Vettel zum jüngsten Doppel-Weltmeister in der Formel-1-Geschichte. Die klare Titelverteidigung schon vier Rennen vor Schluss in Japan ist auch ein Triumph des österreichischen Rennstalls Red Bull rund um Teambesitzer und Dosen-Milliardär Dietrich Mateschitz. Für den zweiten Streich erhält der endgültig aus dem Schatten seines Vorbildes herausgetretene „Baby-Schumi" auch seinen von ihm liebevoll auf Kinky Kylie getauften Boliden geschenkt. Neben dem Fahrertitel holt sich Red Bull auch den Teambewerb. Die beiden Traditionsrennställe McLaren und Ferrari sind klar geschlagen.

Vettels ▶ zweiter Streich. McLaren & Ferrari fahren dem Red Bull meist hinterher. ▼

Jacksons Arzt Conrad Murray auf Anklagebank ● Überdosis mit Narkosemittel?

Prozess um den Tod des „King of Pop"!

Mehr als zwei Jahre nach dem Tod des „King of Pop" startet in den USA der Mega-Prozess gegen Michael Jacksons Privatarzt Conrad Murray. Der Mediziner ist der fahrlässigen Tötung mit einer Überdosis des Narkosemittels Propofol angeklagt. Millionen Fans und die Familie des Superstars fordern eine Verurteilung.

Alle Augen und Kameras im Gerichtssaal in Los Angeles sind auf einen Mann gerichtet: den 58-jährigen Mediziner Conrad Murray. Staatsanwalt David Walgren will Michael Jacksons Leibarzt (dieser kassierte dafür ein fürstliches Gehalt von 150.000 Dollar pro Monat) nachweisen, dass der „King of Pop" durch Fahrlässigkeit starb. Murray soll den medikamentenabhängigen „King of Pop" ständig mit Unmengen an Narkosemitteln versorgt haben.

Eine Überdosis Propofol führt dann schließlich zum Tod des Musikgenies. Im Prozess kommen erschütternde Details ans Tageslicht. So soll Jackson regelrecht um seine „Milch" (Propofol) gebettelt haben. Und: Conrad Murray sparte am Herzmonitor, dürfte auch viel zu spät und falsch reagiert sowie zudem das eintreffende Notfallteam angelogen haben.

Auch eine abgespielte Tonbandaufnahme des offenbar völlig weggetretenen und kaum verständlichen Michael Jackson sorgt für Aufregung. Für seine Fans und die Familie ist eine Verurteilung von Murray jedenfalls unabdingbar.

◀ Schockbild des toten „King of Pop". Spritzte ihm Murray zu viel Propofol? Demonstranten (o.) fordern Gerechtigkeit.

Sechs Wochen nach seinem Rückzug erliegt Apple-Gründer Jobs einem Krebsleiden

„Die Welt hat ein Genie verloren"

Er galt als der Visionär des Internet-Zeitalters und prägte eine ganze Generation: Apple-Gründer Steve Jobs erliegt 56-jährig – nur sechs Wochen nach seinem krankheitsbedingten Rückzug von der Konzernspitze – in Kalifornien seinem langjährigen Krebsleiden. Jobs hinterlässt seine Ehefrau und vier Kinder. New Yorks Bürgermeister Michael Bloomberg: „Die Welt hat ein Genie verloren."

Der am 24. Februar 1955 geborene Jobs wuchs bei Adoptiveltern auf und jobbte bereits als 12-Jähriger in den Ferien bei der Technologiefirma Hewlett-Packard. 1976 gründete er mit seinem Freund Steve Wozniak die Firma Apple praktisch in einer Garage. Heute ist der Konzern die wertvollste Marke der Welt. Produkte wie iPhone oder iPad sorgen für Milliardenumsätze. Selbst als Steve Jobs 2004 an Bauchspeicheldrüsenkrebs erkrankt, lässt er sich nicht unterkriegen und präsentiert weiter technologische Highlights. Doch schließlich verliert er den Kampf gegen die Krankheit. Sein Vermögen wird auf mehr als 6 Milliarden Euro geschätzt.

iPhone 4S

Einer von Jobs größten Erfolgen: der geniale Tablet-Computer iPad.

▲ *Das iPhone 4S, präsentiert vom neuen Apple-Chef Tim Cook, überzeugt nicht ganz.*

US-Proteste gegen Reiche und das immer größer werdende Ungleichgewicht

Selbst Obama hat Verständnis

„Wall-Street-Proteste" gegen Wirtschaftselite

„Besetzt die Wall Street" – mit diesem Schlachtruf demonstriert eine immer größere Schar von Demonstranten gegen das Symbolbild einer verhassten Wirtschaftselite von gierigen Bankern und Politikern in New York. Und die Proteste werden rasch im ganzen Land zu einem Flächenbrand, in vielen US-Städten gehen die Menschen auf die Straßen. Selbst Präsident Obama zeigt Verständnis.

***Frankreich im Babyfieber!** Das ganze Land wartet auf das Präsidentenkind von Carla Bruni und Staatschef Nicolas Sarkozy. Reporter und Fernsehstationen belagern tagelang die Pariser Privatklinik, wo die werdende Mutter entbinden soll. Schließlich bringt das frühere Topmodel – sie hat schon einen zehnjährigen Sohn aus einer früheren Beziehung – abseits der Kameras ganz klammheimlich ein Mädchen zur Welt.*

IM **BRENNPUNKT**

Dr. med. Wolfgang Exel

Ein neuer Serviceteil für die ganze Familie!

Dass das seit nunmehr 22 Jahren jeden Samstag Ihrer Krone beigelegte Gesund-Magazin ein neues grafisches Gewand bekommt, war uns nicht genug: Wir erweitern um den Bereich Familie!

Schließlich gibt es unzählige Themen, die zwar irgendwie mit Gesundheit zu tun haben, aber letztlich doch weit darüber hinausgehen. Man denke an das breite Feld der Erziehungsproblematik, an die Schwierigkeiten, die es hierzulande mit der Betreuung älterer Menschen gibt, an alleinerziehende Mütter (fallweise auch Väter), um einige Beispiele zu nennen.

Unser Anliegen wird es demnach sein, noch mehr Lebenshilfe anzubieten. An netten, interessanten Geschichten wird es weiterhin nicht mangeln, aber Schwerpunkt soll die gezielte Information sein – ein Service für Sie und Ihre ganze Familie.

Wir wollen nicht nur den Umgang mit Behörden erleichtern und säumige Politiker zu sinnvollen Taten anspornen (das wird schwer sein), sondern auch das Miteinander von Kindern, Eltern und Großeltern sowie allen für Familien wichtigen Institutionen fördern.

Zum Beispiel mit Schulen, die ja eine Schlüsselrolle bei der Entwicklung unserer Kinder spielen. So sollen Lerntipps von Profis helfen, die Ausbildung besser abzuschließen. Natürlich nehmen wir uns in diesem Zusammenhang auch der Fortbildung für Erwachsene an.

Wir danken für die bisherige Treue und freuen uns auf eine erfolgreiche Zukunft.

Die „Krone" hilft konkret:

Aktion Mama allein

Ein erschreckender Prozentsatz aller alleinerziehenden Mütter lebt laut offizieller Statistik bereits unter der Armutsgrenze. Die Frauen werden leider nicht nur nicht von einem Partner unterstützt, sondern immer öfter auch von der Politik völlig im Stich gelassen.

Die Krone wird sich in ihrem neu gestalteten Samstag-Magazin „Gesund & Familie" dieser Problematik annehmen und Hilfe in vielfacher Form anbieten. Wie Unterstützung für Kinder mit Lernproblemen, erleichterter Zugang zu finanzieller Zuwendung und juristische Beratung.

Wie bereite ich mein Kind auf Kindergarten oder Schule vor? Wie spiele ich richtig mit meinen Kindern? Welcher Sport ist am besten geeignet? Wie binde ich als Mutter die Großeltern sinnvoll ein? Nur ein paar von jenen Fragen, die wir künftig mit Hilfe von Fachleuten beantworten wollen.

Immer mehr Mütter werden mit ihren Problemen alleine gelassen . . .

Endgültiger Abschied von der einstigen Nr. 1 des Tennis. Eineinhalb Jahre nach Beginn seiner zweiten Karriere legt Thomas Muster – fit wie ein Turnschuh – sein Racket in die Ecke. „Immerhin bezwang er als 44-Jähriger den um 20 Jahre jüngeren Argentinier Leonardo Mayer", so Redakteur Peter Moizi. 2012 spielt Österreich weiter in der Daviscup-Weltgruppe: mit Ronnie Leitgeb als neuem ÖTV-Präsidenten.

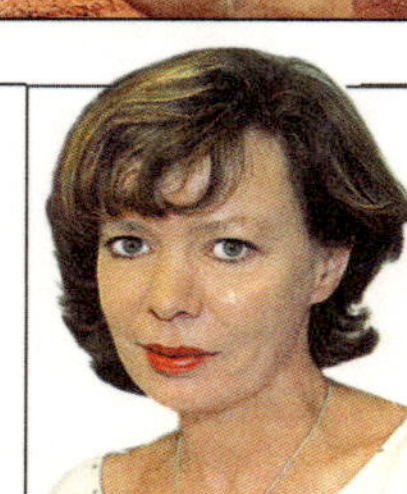

Tag für Tag

Von Marga Swoboda

Die Ameisen-Menschen spüren das sehr

Börsen auf Talfahrt. Panikverkäufe im Frühhandel. Vokabeln aus dem Finanz-Chinesisch fliegen einem um die Ohren: Der Dow Jones Industrial Index stürzte um 500 Punkte ab. Der liebe ATX in Wien minus 3,5 Prozent. Ich weiß nicht, was das genau bedeutet. Ich habe keine Aktien, ich habe noch nie spekuliert, außer beim DKT und solchen Sachen. Was ich aber schon kapiere, sind solche Worte: Talfahrt. Weltweit.

Dann lese ich: Furcht vor der Rezession. Fracksausen bei den Börsianern. Die Schulden-Dramen in Amerika und Europa seien schuld. Und das schlechte Management der Schuldenkrisen und die bösen schwarzen Schafe. Die könnten alles noch weiter ins Elend reiten. Die bösen schwarzen Schafe unter den Investoren: Hedgefonds . . .

Was sagen die Ökonomen, die klugen Leute? Jetzt nur keinen Zickzackkurs fahren. Das sinkende Schiff stabil auf Kurs halten? Die Politiker seien jetzt gefragt. Die müssen die Geldpumpen im Turbogang bedienen. Und wenn sie nichts mehr zum Pumpen haben, die Politiker, die Volkswirtschaften?

Noch ein heißer Tipp von einem Fachmann: Die EU-Politiker sollen/müssten endlich wirksam gegen die verdammten Spekulanten vorgehen. Die seien ja maßgeblich verantwortlich für die immer dra-

Auszeichnung für Ernst Trost

Besondere Auszeichnung für den „Krone"-Kolumnisten Ernst Trost („Was dahinter steckt"). Vizekanzler Spindelegger und Ministerin Mikl-Leitner ehrten Trost im Parlament mit dem Leopold-Kunschak-Preis. Kunschak stand ein Leben lang für christlich-soziale Werte. Sein Grundsatz lautete, dass „Arbeiter würdevoll geachtet werden müssen".

Panik vor Schuldenspirale

Taumeln wir in eine neue Krise?

Nachdem die Börsenkurse von Wien bis New York schon zur Sommermitte dramatisch auf Jahrestiefs gestürzt waren, fürchten viele Wirtschaftsexperten eine weitere Krise. Sogar vom Absturz zurück in die bereits überwunden geglaubte Rezession wird gesprochen. Dahinter steht die Sorge um die enormen Schuldenlasten und das enttäuschende Wachstum vieler Länder. Und während es an den Börsen „Rette sich, wer kann" heißt, fliehen Anleger wieder scharenweise ins Gold. „Der Preis des Edelmetalls erreicht einmal mehr Rekordwerte", so „Krone"-Redakteur Christian Ebeert.

matischer werdenden Zustände. Verantworten müssen sie das Elend natürlich nicht.

Mit sehr mulmigen Gefühlen gehen die Börsianer und die Geldmenschen dieser Welt ins Wochenende. Es wird ihnen möglicherweise das Steak vom argentinischen Super-Rind und der Hummer nicht so schmecken wie sonst. Und es werden Millionen, Milliarden Ameisen-Menschen weiter schauen müssen, ob sie etwas von der Hand in den Mund bekommen.

Und was mit den Jobs wird. Und den Kindern ohne Zukunft. Man muss die Börsen- und Geld-Sauereien nicht verstehen. Spüren tun die Ameisen-Menschen das Elend auf jeden Fall.

Kursverluste sorgten im Sommer für Panik – ein Ende der Krise ist noch nicht zu sehen. ▼

Apropos
Dr. Georg Wailand

Telekom-Affäre: Keine Milde!

Ich bin schockiert", hat der derzeitige Telekom-Austria-General Hannes Ametsreiter gemeint, als die Telekom-Affäre aufgeflogen ist. Positiv, dass er sofort alles in die Wege geleitet hat, um „alle Vorgänge lückenlos aufzuklären". Nach dem Motto: Wer was angestellt hat, „ist dran", wer zu Unrecht kassiert hat, soll zurückzahlen.

So weit, so klar. Bleibt die Hoffnung, dass die Praktiken des alten Telekom-Vorstands dazu führen, dass nunmehr in allen Unternehmen eine „bessere Hygiene" in Sachen Anständigkeit in den Vorstandsetagen zur Selbstverständlichkeit wird.

Wie bei der Telekom agiert und gedacht wurde, ist erschreckend: Da wurden Aktienkurse offenbar manipuliert, um selbst Millionen kassieren zu können, da wurde ein „Netzwerk von Freunden" etabliert, Scheinrechnungen um Hunderttausende Euro – ohne entsprechende Gegenleistung! – waren keine Seltenheit. Da hat es „ganz oben" offensichtlich Fehlverhalten gegeben, und das hat auch andere „Ebenen" im Konzern angesteckt. Symptomatisch, dass bei der Revision jetzt gleich auch interne Korruptionsfälle im Immobilienbereich des Unternehmens entdeckt wurden.

Goschn halten, Banknoten falten – wie abgehoben muss ein Management sein, um so zu denken? Und wie dumm, um zu glauben, dass niemand draufkommen könnte? Ja, immerhin: Sieben Jahre haben alle geschwiegen, dann ist das Eis gebrochen. Jetzt wollen gleich mehrere mit ihrem Geständnis Strafmilderung „erkaufen".

Ein Unternehmen, das Millionen Kunden im In- und Ausland hat, darf keine Milde walten lassen, wenn Gaunereien passiert sind!

„Oida, trenn!“ – Auf originelle Weise ruft Umweltstadträtin Ulli Sima (SPÖ) die Wiener zum Mülltrennen auf. Denn sie lässt das leidige Thema von Trackshittaz, dem wohl hippigsten Rap-Duo aus dem Mühlviertel, besingen. Für die neue Kampagne der MA48 haben „Helden-von-morgen“-Star Lukas Plöchl und Kollege Manuel Hoffelner ihre rural gefärbte Hitsingle „Oida, taunz!“ im Sinne der Sache zu „Oida, trenn!“ umgetextet. „Oida, trenn! Plastik gelb, Dosen blau, geht scho, Oida, trenn! Buntglas grün, Papier ist rot, geht scho, Oida, trenn! Quetsch die PET-Flosch'n“, appellieren beide im Sprechgesang. Mit dem Trackshittaz-Song gelingt der Umweltpolitikerin jedenfalls eines: „Mülltrennen ist wieder cool!“

Er tritt zur Wahl an:

Putin will wieder Präsident in Russland sein

Die Macht hat es Russlands starken Mann, Wladimir Putin, angetan. Denn kommenden März will er wieder in den Kreml zurückkehren, da er nach zwei Amtszeiten (2000–2008) nicht kandidieren durfte: Sein Nachfolger im Präsidentenamt, Dmitri Medwedew, schlägt den Ex-Präsidenten als Präsidentschaftskandidaten vor. Mit „Bescheidenheit“ nimmt Putin den Vorschlag an, die Parteiliste des „geeinten Russland“ im Dezember anzuführen. Somit ist zu erwarten, dass das bisher unangefochtene Führungs-Tandem auch 2012 an der Spitze der russischen Politik steht.

Parlamentsdebatten zur Textänderung

Mit „Töchter-Hymne“ das Neujahr besingen

Die seit Jahren andauernde Debatte um eine zeitgemäße Anpassung der österreichischen Bundeshymne geht im Dezember in die Zielgerade: Obwohl Gegenstimmen von einer „Kulturlosigkeit“ sprechen, dürften schon ab 2012 auch die „Töchter“ in den Text aufgenommen werden – zur Freude vieler Frauensprecherinnen.

Während die Vertreterinnen von ÖVP, SPÖ und Grünen überzeugt sind, dass die Passage „Heimat bist du für das Schöne, großer Töchter, großer Söhne“ unbedingt in den Hymnentext eingebaut werden muss, kommt beispielsweise für den Ring Freiheitlicher Jugend keine Textänderung infrage. Die Freiheitlichen sprechen von „Kampfemanzen und Genderwahnsinn“.

Freude kommt hingegen bei Maria Rauch-Kallat (ÖVP) auf, die bei ihrer Abschiedsrede den Antrag zur Textänderung einbringen wollte – und dabei von eigenen Parteikollegen blockiert wurde. Doch „die Töchter“ kommen – früher oder später.

Auch Wiens Polizei setzt auf professionelle Kommunikation

300 Mann starke Sondereinheit gegen Cyber-Kriminalität

Internet-Cops auf der Jagd

Mit einer 300 Polizisten starken Internet-Sondereinheit sagt Innenministerin Johanna Mikl-Leitner der rasant steigenden Cyber-Kriminalität den Kampf an: Allein im Vorjahr haben sich die Anzeigen von Internet-Betrügereien verfünffacht.

„Etliche Straftaten haben sich von der Straße ins Internet verlagert. Wir gehen von einer hohen Dunkelziffer aus“, so die Ministerin. „Gleichzeitig bieten wir via Internet einen Wegweiser durch den Behördendschungel. Mit Infos, rechtlicher Beratung oder aktuellen Präventionstipps“, so Manfred Reinthaler, Kommunikationschef der Wiener Polizei.

Voller Stolz *präsentiert Udo Jürgens, Europas letzter großer Entertainer, im Gespräch mit Vera Russwurm seine Figur „Der Mann mit dem Fagott". Nach der Ausstrahlung seiner verfilmten Familiensaga ist der 77-Jährige umjubelter Star – viele seiner Lieder werden für Silvesterparties vorbereitet.*

telemax

Letztens führte der berühmte Heurigenwirt Martin Zimmermann ein Kunststück vor, das er für die Sendung „Die große Chance" plante.

Wie andere Imitatoren und Parodisten Tierstimmen und wieder andere originelle Fußballerstimmen nachmachen, vermag er u. a. den Formel-1-Rennwagen so zu imitieren, dass man meint, er sei vom Motor selbst synchronisiert.

Wenn der Leser nur bessere Ohren hätte, könnte er vielleicht sogar ausmachen, wer im Wagen sitzt.

Herr Schumi wird wohl anders gasen als Herr Vettel, nicht zu reden vom Unterschied zum Altgaser Niki.

☆

Der Leser wartet gewiss schon ungeduldig, Herrn Zimmermanns Virtuosität aus meiner Kolumne zu erleben.

Liebe Leute, hier zeigt sich leider die ganze Erbärmlichkeit der Schrift. Sie ist nicht imstande, des Wirten steile Nummer wiederzugeben.

Schrift ist nur für Augen und nicht für Ohren, bei denen sie jämmerlich scheitert.

☆

Mit dem Motorengeräusch ist es wie mit den Vogelstimmen. In meinem ornithologischen Lexikon steht, die Nachtigall singe: „Tjuk, tjuk."

Aber wenn der Nachtigallgesang mit „tjuk, tjuk" beschrieben wird, dann müsste man Herrn Zimmermanns Art, den Boliden in den Mund zu nehmen, „brumm, brumm" beschreiben, was zur Folge hat, dass sich das Auto schriftlich von einem Bären kaum unterscheidet.

Und womit auch erwiesen ist, dass mit Buchstaben die tönende Wirklichkeit äußerst unscharf abgebildet wird, meint

Ihr Telemax

robert.loeffler@kronenzeitung.at

56 Jahre nach dem Staatsvertrag herrscht Frieden

Kärntner Ortstafellösung und ihr erstes „Opfer"

56 Jahre schwelte in Kärnten ein Konflikt um zweisprachige Ortstafeln in Deutsch und Slowenisch. Jetzt herrscht endlich Frieden, insgesamt 164 Tafeln stehen mittlerweile. Doch sie forderten auch ein „Opfer" . . .

Als Landeshauptmann Gerhard Dörfler und Staatssekretär Josef Ostermayer sich zum ersten Mal mit Kärntner Slowenen-Vertretern zusammensetzen, wurden sie noch belächelt. Nach endlosen Verhandlungsrunden kann der Ortstafelfrieden verfassungsrechtlich verankert werden.

„Raser-Rudi" als Alkolenker

Was fast allen passte und nur wenigen zu wenig war. Einer von ihnen: Rudi Vouk, Slowenen-Aktivist, der früher absichtlich zu schnell durch Orte gefahren war, um zweisprachige Tafeln zu erzwingen. Dafür nannte man ihn „Raser-Rudi". Er geht einer Ortstafelstreife der Polizei ins Netz, wie „Kärntner-Krone"-Chefredakteur Hannes Mößlacher aufdeckt. Die Beamten bewachten Ortstafeln, als Vouk als Alkolenker des Weges kam.

Landeshauptmann Dörfler legt selbst Hand an: Loibach ist die letzte zweisprachige Ortstafel. ▼

Zum Schmunzeln und zum Nachdenken: Was Promis im Laufe des Jahres 2011 in der Öffentlichkeit von sich gaben . . .

„Es macht wirklich keinen Sinn, wenn wir uns als Verteidiger der Superreichen gerieren.“

Niederösterreichs mächtiger ÖVP-Landeshauptmann Erwin Pröll in Richtung parteiinterner Kritiker im Zuge seiner Forderung nach einer befristeten Steuer für Vermögende.

☆

„Ich war keiner meiner Frauen treu. Das ist eine Schuld, mit der ich leben muss.“

Entertainer-Legende Udo Jürgens zum 77. Geburtstag in einem Interview.

☆

„Unsere Politiker sind zu blöd und zu feig und zu unverständig.“

Harte Schelte von Erste-Bank-Chef Andreas Treichl wegen den strengen heimischen Richtlinien für die Kreditvergabe.

☆

„Wir kämpfen einen titanischen Kampf.“

Griechenlands Premier Giorgos Papandreou zur Schuldenkrise.

☆

„Wer glaubt, dass man 25 oder 30 Shows im Monat mit einem Fruchtzwerg schafft – der träumt von an warmen Eislutscher.“

Maler- und Kabarettist Alexander Bisenz in „Seitenblicke“ über Doping in der Show-Branche.

☆

„Ich bin praktisch mittellos.“

A-Tec-Gründer Mirko Kovats nach dem Scheitern von Übernahmegesprächen des insolventen Konzerns.

☆

„Wo war mei Leistung?“

Wohl der Satz mit der Frage des Jahres, gestellt in einem abgehörten Telefonat von Lobbyist Walter Meischberger.

☆

„Ich bin der Meinung, man sollte niemanden heiraten, von dem man sich nicht auch gern scheiden lässt.“

Kabarettist Michael Niavarani in „Chili“.

☆

Sexy Ballerina Sarkissova

„Es geht nicht nur darum, dass man in Ländern wie Griechenland, Spanien, Portugal nicht früher in Rente gehen kann als in Deutschland, sondern dass alle sich auch ein wenig gleich anstrengen.“

Schelte von Deutschlands Kanzlerin Angela Merkel an die Adresse der von Schulden geplagten Länder.

☆

„Wäre ich nicht berühmt geworden, würde ich heute noch bei den Behörden Schlange stehen.“

Die sexy Staatsopern-Primaballerina Karina Sarkissova über den schnellen Weg zur Doppelstaatsbürgerschaft nach der Aufregung über ihre Nacktfotos im „Krone“-Interview mit Vera Russwurm.

☆

„Die österreichische Post wird auch als bürokratisch – äh, sympathisch – gesehen. Das war ein Freud'scher Versprecher.“

Post-Generaldirektor Georg Pölzl launig bei der Präsentation einer Umfrage unter Kunden.

☆

„Das können Sie dann mit meinen verblichenen Knochen auf dem Zentralfriedhof diskutieren.“

Bernhard Schwarz, Vorsitzender der Pensionskommission über die Frage nach den Auswirkungen der Prognosen bis 2050.

☆

„Blaublütig ist man auch, wenn man Krampfadern hat.“

Dieter Chmelar in „Life“.

☆

Sprüche des Jahres

„Warum soll die OMV dem Mensdorff-Pouilly Geld gezahlt haben? Der hat doch mit der OMV höchstens dann was zu tun, wenn er daheim in Luising tanken fährt.“

Der grüne Aufdecker Peter Pilz über den Lobbyisten im ORF-Radio.

☆

„Da die heutige Welt nur mehr aus verblümtem Blödreden besteht, wundert sich die ganze Welt, wenn einer wie der Ambros einmal die Wahrheit sagt.“

Niki Lauda wenige Tage nachdem die „Nummer 1 vom Wienerwald“ über Rainhard Fendrichs Drogenkonsum in „Frühstück bei mir“ plauderte.

☆

„Wie alt ich bin? – Das weiß die Pensionsversicherung. Also, ich sag Ihnen, was das Alter betrifft, da hilft nur eines: lügen, lügen, lügen!“

Birgit Sarata über das Geheimnis ihres Alters.

„Es gibt viele Schimpansen, die sympathischer sind als Menschen.“

Affenforscherin Jane Goodall in „Life“.

☆

„H.C. Strache-Förderverein.“

Wirtschaftskammer-Präsident Christoph Leitl über die derzeitige Regierung.

Treichl: Politikerschelte

„Derzeit sind Vorstände und Aufsichtsräte bei uns besetzt wie eine Männersauna. Es ist lachhaft.“

Sozialforscher Bernd Marin zur Diskussion um verpflichtende Frauenquoten in den heimischen Chefetagen.

☆

„Meine Großmutter hat gesagt, Sängerin ist ein schlimmer Beruf. Ein Mädchen aus gutem Haus kann nicht auf die Bühne gehen und mit ein paar dicken Männern küssen und tanzen. Das geht nicht!“

Die auch in Österreich bekannte russische Opernsängerin Natalia Ushakova in „Hallo, wie geht's?“.

☆

„Beim Bundesheer verwalten 24.000 Beamte 11.000 Soldaten, von denen 3000 militärisch einsetzbar sind.“

Großindustrieller Hannes Androsch über die Situation unseres Heeres.

☆

„Das ist ein Vorgehen wie bei einem Mafiaboss.“

Manfred Ainedter, Anwalt des Ex-Finanzministers nach dem Bekanntwerden der monatelangen Handy-Überwachung seines Mandanten durch die Justiz.

„Jetzt ist Schluss mit lustig. Das Finanzstrafverfahren gegen mich ist reine Willkür. Ich habe eine blütenweiße Weste.“

Der gefallene einstige Darling der Nation, Karl-Heinz-Grasser, zu den Ermittlungen gegen ihn.

☆

„Ich bin noch im Land und werde als Märtyrer sterben.“

Der gestürzte libysche Diktator Muammar al-Gadafi auf der Flucht in einer seiner bizarren Radiobotschaften.

Grasser: Weste blütenweiß?

Horoskop für 2012

Riccarda Ritter verrät Ihnen Ihre Zukunft

Was bringt das Merkur-Jahr 2012?

Merkur, der Kommunikationsplanet, regiert das Jahr 2012. Merkur steht in der Astrologie für Gespräche, Verhandlungen, Vertragsabschlüsse, Überzeugungskraft und Reisen. Zusammen mit Jupiter & Co. unterstützt er uns alle und besonders Mai-Zwillinge, Juli-Löwen und Jänner-Wassermänner. Und was bringt Ihnen persönlich das neue Jahr? Eine neue Liebe, mehr Geld, einen Stellenwechsel, Erfolg, Gesundheit? Besuchen Sie Riccarda Ritter im Internet unter **www.riccarda-ritter.at** und bestellen Sie Ihre persönliche Astro-Analyse zum Krone-Sonderpreis. Viel Glück!

Das sagen Ihnen die Sterne über Liebe, Gesundheit und Erfolg

Widder
21.3. bis 20.4.

Liebe: Tolle Chancen im Februar und Juli. Trotzdem müssen einige um ihre Liebe kämpfen (Saturn). Doch meist gibt es ein Happy End! **Gesundheit:** Ihre Figur könnte aus der Form geraten. Trennkost! Schokolade streichen! Sonst flackern im Jänner, Juli oder Oktober alte Beschwerden wieder auf. **Erfolg:** Ende Jänner mit Merkurs Hilfe die Weichen stellen! Dann fahren Sie Anfang Juni eine reiche Ernte ein.

Stier
21.4. bis 20.5.

Liebe: Viele finden das große Glück mit einer Waage oder einem Skorpion. Wann? Am hellsten strahlen Ihre Liebessterne im Jänner, März und August. **Gesundheit:** Keine größeren Beschwerden in Sicht! Nur Anfang Februar, im August und November sollten Sie etwas kürzertreten. **Erfolg:** Bis Mitte Juni werden Träume wahr! Jupiter verhilft Ihnen zu einer besseren Stellung, zu Ansehen und zu deutlich mehr Geld.

Zwillinge
21.5. bis 21.6.

Liebe: Ein herrliches Liebesjahr mit Schützen, Wassermännern, Löwen oder Widdern. Bei manchen festigt Saturn die Beziehung, bei anderen erblüht sie unter Uranus/Jupiter/Venus neu. **Gesundheit:** Die Sterne schicken Kraft und Lebensfreude. Ein kleines Tief (Atemwegsbeschwerden?) im März nicht überbewerten! **Erfolg:** Neuer Job, mehr Geld? Gute Chancen im Februar, April/Mai und im August/September.

Krebs
22.6. bis 22.7.

Liebe: Durch Jupiter/Venus entwickelt sich Ihre Beziehung zunächst prächtig. Leider stellt Uranus bei Juni-Krebsen und Saturn bei einigen anderen bald schon wieder manches infrage. **Gesundheit:** Im März, Mai und August/September geht es Ihnen blendend. Alle wichtigen Unternehmungen in diese Monate legen! **Erfolg:** Bis Juni können Sie beruflich aufsteigen oder günstig an eine Immobilie kommen.

Löwe
23.7. bis 23.8.

Liebe: Die Liebesampeln stehen auf Grün. Spätestens ab Juli erobern Sie den Menschen, um den Sie schon lange kämpfen. **Gesundheit:** Damit es Ihnen gut geht, brauchen Sie eine gesunde Portion Egoismus. Sagen Sie im Februar und Mai NEIN, wenn der Chef oder der Partner ständig nur fordert! **Erfolg:** Gute Aussichten, sofern Sie bis Mitte Juni windige Geschäfte und unnötige Ausgaben meiden (Jupiter).

Jungfrau
24.8. bis 23.9.

Liebe: Jupiter ist schuld, wenn Sie es mit der Treue nicht so genau nehmen. Das kann trotz Liebesglück immer wieder Ärger geben! **Gesundheit:** Falls Sie sich im März oder Juni erschöpft fühlen sollten, gönnen Sie sich einen kurzen Kur-Aufenthalt. Vorbeugend oder spontan. **Erfolg:** Im Februar besser nichts unterschreiben. Dank Merkur ist die beste Zeit für Verträge und Geschäfte im Mai und Juni.

Waage
24.9. bis 23.10.

Liebe: Eine bunte Mischung: Jupiter macht lustig, Saturn bremst und Uranus bringt zwischenmenschliche Überraschungen. Es ändert sich vieles. Sie dürfen gespannt sein! **Gesundheit:** Sie sind fit! Lediglich eine kleine Infekt-Anfälligkeit im April und Juli kann Sie kurzfristig stoppen. **Erfolg:** Prima! Jupiter verspricht den meisten mehr Geld – aber auch mehr Arbeit und somit weniger Freizeit.

Skorpion
24.10. bis 22.11.

Liebe: Im Jänner, August oder Oktober lächeln Ihnen Venus und eine alte oder neue Liebe zu. Der Traum vom Glück könnte mit einem Fisch oder Krebs in Erfüllung gehen. **Gesundheit:** Bis Mitte Juni gilt: Überschätzen Sie Ihre Kräfte nicht (Jupiter) und achten Sie auf regelmäßige Ruhepausen! **Erfolg:** Vertrauen Sie auf Merkur und nutzen Sie den Februar, Juni und September, um Ihre Karriere voranzutreiben.

Schütze
23.11. bis 21.12.

Liebe: Uranus lässt November-Schützen im Februar oder September rein zufällig einen interessanten Partner treffen. Für andere gilt: Augen auf im Jänner und August. **Gesundheit:** Nutzen Sie Ihre Bestzeiten im April und August und bremsen Sie im März und Juni. **Erfolg:** Im Februar oder April können Sie Ihre Schäfchen ins Trockene bringen. Ab Juni warnt Jupiter die meisten vor riskanten Geschäften.

Steinbock
22.12. bis 20.1.

Liebe: Liebesglück mit Jungfrauen, Fischen und Krebsen! Sie sind für Sie da, wenn Uranus/Saturn Sie ärgern wollen. Tipp: Kuscheln Sie alle Sorgen weg. **Gesundheit:** Trotz kosmischer Störmanöver sind Sie belastbar und können im März, Mai und September viel leisten. **Erfolg:** Im ersten Halbjahr haben Sie nichts zu befürchten: Jupiter sorgt dafür, dass Ihr Konto im Plus ist. Danach etwas vorsichtiger sein!

Wassermann
21.1. bis 19.2.

Liebe: Mit Löwen und Schützen erleben Sie nicht nur erotische Abenteuer, sondern echte Gefühle. Vor allem Juli und August werden heiß! **Gesundheit:** Es geht Ihnen richtig gut. Lassen Sie sich von einem kleinen Tief im April/Mai nicht aus der Fassung bringen! **Erfolg:** Jupiter, Uranus und Saturn lösen einen Knoten. Endlich erkennen Sie, wo und mit wem sich Erfolge erzielen lassen. Wann? Ab Juli!

Fische
20.2. bis 20.3.

Liebe: Dank Jupiter haben Sie Chancen über Chancen bis Mitte Juni! Für Singles wird ein Stier oder Krebs sehr wichtig. Paare erleben einen zweiten Frühling. **Gesundheit:** Die Sterne schenken Wohlbefinden. Es gibt nur zwei kurze Phasen, in denen Sie sich zurückhalten und schonen sollten: Anfang Juni und im September. **Erfolg:** Ein sorgenfreies Jahr, sofern Sie Ende Mai keine Traumschlösser bauen.

PERSONENREGISTER

BILDNACHWEIS

AFP 42, Agency People Image 1, AP 66, APA 1, Apple 2, Günter Artinger 1, AUA 1, Babirad Picture 6, Gerhard Bartel 6, Bildzeitung 1, Rudi Brandstätter 2, Christof Birbaumer 4, Wolfgang Bohusch 1, CBS 1, Constantin Film 1, CORBIS 2, Franz Crepaz 3, DPA 1, Georg Diener 1, Echomedia Buchverlag 1, Hannes Eichinger 1, Horst Einöder 2, EPA 35, EXPA 3, Niki Faistauer 7, Klemens Fellner 2, Fotoagentur Kunz 1, Christoph Gantner 3, GEPA 1, Gabriele Gießenböck 2, Getty Images 1, Gerhard Gradwohl 4, Andreas Graf 1, Max Grill 1, Klemens Groh 15, heartattackgrill.com 1, Marion Hörmandinger 1, Reinhard Holl 4, Helmut Horvath 2, Evelyne Hronek 1, Gernot Huemer 1, Erwin Jannes 14, Christian Jauschowetz 2, Martin A. Jöchl 6, Reinhard Judt 6, Ernst Kainerstorfer 1, Ketchup 1, Fritz Kimeswenger 1, Theo Klein 1, Georg Köchler 2, Klaus Kreuzer 1, „Krone"-Archiv 41, „Krone"-Grafik 1, Landeskriminalamt NÖ 2, Thomas Lenger 1, Magistrat Wien 2, Dietmar Mathis 1, Christoph Matzl 2, Mauritius Images 2, Gabriele Moser 1, National Geographic 1, Franz Neumayr 2, ÖIA 1, ÖRK 1, ÖSV 1, ORF 15, Scanpix Norway 1, Sepp Pail 1, Robert Perigger 1, Pessentheiner 1, Picture Desk 2, Photo Press 4, Pixathlon 2, Playboy 4, Polizei 3, Jürgen Radspieler 1, Ernst Reinberger 1, REUTERS 60, Uta Rojsek-Wiedergut 5, Schaadfoto 1, Ali Schafler 1, Andi Schiel 19, Christian Schulter 4, Gerhard Simader 1, Tiergarten Schönbrunn 1, Supermax 1, Andreas Tischler 6, Peter Tomschi 7, Markus Tschepp 4, Alexander Tuma 2, Viennareport 7, Votava 2, Hannes Wallner 1, Warner Brothers 1, Heinz Weeber 1, Markus Wenzel 1, World Vision 1, Laurent Ziegler 1

SCHUTZUMSCHLAG:
AFP 1, AP 4, EPA 2, ORF 1, Photopress 1, REUTERS 2, Alexander Tuma 1

Für die Mitarbeit danken wir unseren Kollegen, den Kolumnisten, Redakteuren, Reportern, Fotografen und Karikaturisten der „Krone".

Insbesondere der unermüdlichen und kreativen „Krone"-Layouter-Mannschaft Herbert Kocab, Hermann Müller, Christian Wawra sowie den sorgfältigen Archivaren Heidemarie Bauer und Martin Kriegel.

Dank auch an das Ueberreuter-Team, stellvertretend an unseren Lektor Johann Pröll, der dem „Druckfehlerteufel" einen heroischen Kampf geliefert hat.

Christoph Matzl & Christoph Budin

Zum Sammeln und Schenken

Schlagzeilen

„Schlagzeilen, die Österreich bewegten" hieß 1990 der erste „Krone"-Band, der 90 Jahre österreichische Geschichte aus journalistischer Sicht porträtierte. Ein Pilotprojekt mit Riesenerfolg und „Kindern": Mittlerweile gehören die Jahresrückblicke, aufgearbeitet in der vertrauten Form täglicher Zeitungsseiten, schon zur Tradition. Eine Rückschau im Jahresrhythmus heißt Chronologie, Chronologien aneinandergereiht werden Geschichte, alles zusammen ist unser Leben. Mit dem vorliegenden Band, mittlerweile der 22. in dieser Reihe, verlieren die Jahreszahlen ihre Anonymität und werden gewissermaßen zum Tagebuch des Selbst- und Miterlebten, ein Nachschlagewerk für die ganze Familie, ein Sammlerstück. Ein Buch der Erinnerungen, in dem es den Autoren gelungen ist, Unterhaltung und Weltpolitik, Skandale und Humor, große und kleine Schlagzeilen so ausgewogen gegenüberzustellen, dass trotz aller Gräuel und Schrecken des vergangenen Jahres auch Optimismus, Hoffnung und Unterhaltung vermittelt werden.

UEBERREUTER